特搜歐威爾《一九八四》

經典文學不朽之路

ON NINETEEN EIGHTY-FOUR: A BIOGRAPHY

D・J・泰勒——著
徐立妍——譯

D. J. TAYLOR

獻給彼得・戴維森（Peter Davidson）

一九八四年或許就這樣來了又過去了，如今個人擁有權限更擴展的自由、企業權力傾圮，讓人不易察覺到那股縈繞的夢魘，卻也不見得就能抹去可怕的相似性。

——英國小說家安東尼・伯吉斯（Anthony Burgess），寫於一九七八年

先生，您一定要讀一讀，然後您就會明白為什麼我們一定要朝布爾什維克派丟一顆原子彈！

——一名紐約報紙小販往波蘭裔作家艾薩克・多伊徹（Isaac Deutscher）手裡塞了一本《一九八四》，一九五〇年代

目次

Part 3

成書之後（一九四九後到永遠）

關於貨幣價值的說明

歐威爾寫作的職業生涯中，大多數時間的收入相當微薄。在一九三〇年代，他的收入有幾度低到一年只有兩百五十英鎊（一千兩百五十元美金），相當於現代的一萬六千至一萬七千英鎊，也就是兩萬一千至兩萬兩千元美金。一九四九年，歐威爾從英國出版商拿到《一九八四》的預付版稅是三百英鎊（一千兩百元美金），在今天大約是一萬至一萬一英鎊（一萬三千至一萬四千五百元美金），為了讓讀者有所比較，這是倫敦中產階級文書辦事員的年薪。

喬治．歐威爾與他的養子理查。伊斯林頓（Islington），倫敦，一九四六年。（Vernon Richards 攝）

Part 1

成書之前

（一九〇三—一九四三）

1 恐怖的強權

一九四九年初夏，一位名叫喬治．歐威爾（George Orwell）的英國作家新推出一本小說，第一波的評論開始出現在大西洋兩岸的報紙雜誌上。雖說最早注意到小說的人反應並非全都興奮不已，有幾位專家還認為書中毫無保留的刑求場景以及那股詭異而幻夢般的氣氛必須謹慎，不過卻也沒有人會懷疑這本作品的重要性有多麼無遠弗屆：第一批讀者堅持說，這不僅僅是一本小說，而是一幅可怕的預知景象，如果當時某些讓領袖人物大出風頭的政治傾向能夠繼續無所限制地發展下去，世界可能就會變成書中那個樣子。美國的評論家更是雀躍不已，「這本小說是所有作家到目前為止寫出最適合治療極權主義者疾病的解藥。」美國評論

家菲利普・拉夫（Philip Rahv）在《黨派評論》（*Partisan Review*）上寫道。「每個人都應該讀，而且我尤其推薦給自由派人士，因為他們還是甩不掉那股政治迷信，認為雖然讓右派握有絕對的權力時很糟糕，絕對權力的根本本質卻是好的，若是讓左派……取得了，就能造福人類。」「一本高明而迷人的小說。」美國評論家黛安娜・崔林（Diana Trilling）在《國家》（*Nation*）這本雜誌上則是這樣說道。英國的評論家聲音也不小，根據英國政治家哈洛德・尼寇森（Harold Nicolson）在《觀察家報》（*Observer*）發表的觀點，這位作家著手「寫出了一本警世故事，藉此來說服我們，若是我們因為大意，任由物質主義的浪潮淹沒了人文傳統，會招致何等糟糕的後果。」在《泰晤士報文學增刊》（*Times Literary Supplement*）中，英國作家朱利恩・西蒙斯（Julian Symons）認為「《一九八四》書中描寫的社會有一種可怕的寫實性，這是其他設想未來的現代作品所做不到的」，並且讚賞其作者「能夠以嚴肅的口吻寫作，對於現實的本質及權力的恐怖也有新穎的描述」。

恐懼。魔幻。寫實。人性的傳承岌岌可危……時至入夏，這本書也開始傳播

賣遍整個歐陸，或許還到了更遠的地方，來自各方有如涓涓細流的讚賞聲匯聚成席捲而至的浪潮，預告了這本書將造成全面性的媒體狂熱，就連一向不相信自己有可能在文壇功成名就的歐威爾本人也不能倖免。「這本書似乎評價很好。」他在六月底這樣對經紀人李歐納・摩爾（Leonard Moore）說道，此時在英國書市上已經有兩萬五千本在流通，「就是說，即使評價說不喜歡，我也會說是『有助銷售的』評論。」《一九八四》上市第一年就有非常多評論，光是在美國就有六十幾則，其中只有少數幾條是毫不留情的負面批評，其中一條就來自美國的共產黨刊物《大眾與主流》（*Masses & Mainstream*），評論者山謬爾・希倫（Samuel Sillen）抱怨這本書就是「憤世嫉俗的爛書」、「這等陳腔濫調之作，還帶著毫無格調的性愛觀點」，並感嘆「這本小說在『資本主義媒體』上獲得滿堂彩」。還有一條出現在蘇聯共產黨的官方刊物《真理報》（*Pravda*），譴責這本書是「厭世的幻想」作品、一本「骯髒的書」，讓人想起「我們當代出現的那些恐怖預言，作者能組成一支貪腐的軍隊，聽從華爾街的命令與煽動」。

《真理報》會認為這本書可能是資本主義者的陰謀也情有可原，因為《一九

八四》顯然揭露出了極權主義者的心思，故事描寫一個人反抗踐踏其靈魂的暴政，也讓這本書馬上就在東歐的共產國家中遭禁，有好幾十年只能以地下祕密出版的版本流通。在這個不太遙遠的未來中，英國化身為「第一起降跑道」，本身是「大洋國」的一部分，這個國家所囊括的領土在表面看來，正與其他廣大領土群所組成的「歐亞國」及「東亞國」爭奪優勢及軍事統治權。這個世界中的人民受到不間斷的監視及扭曲的政治宣傳洗腦，由一個稱為「黨」的組織管理，由「老大哥」的全知之眼發號施令，特色是蠻橫鎮壓人民的異議（「思想犯罪」）以及習慣性揑造過去。溫斯頓・史密斯（Winston Smith）是書中飽受折磨、年近四十的主角，或許在這個獨裁政權的大輪子中只是一個小齒輪，身為「外黨」成員的他並未享有符合其名的特權，不過他在這套控制國家的複雜機制中所扮演的角色原來非常重要。溫斯頓獨自待在名稱錯得離譜的「真相部」中一個小隔間裡，他的工作就是修改《時報》（*The Times*）的過期報紙，若是政府認為某人違背了這個政權不斷改變的官方準則，他也要將之從歷史上抹除。可怕的是，這種腐敗之舉的工具就是語言本身，這套粗暴刪減後的語言稱為「新語」，溫斯頓那

位很快就會人間蒸發的同僚塞姆（Syme）這麼評論道：「到最後，我們可以讓思想犯罪變成零，因為已經沒有文字可以表達犯罪意圖了。」

這段對話發生的時候，溫斯頓已經在進行自己獨特的思想犯罪：他買了一本古老的皮革裝訂筆記本並開始寫日記；他跟比自己年輕許多的茱莉亞發展出戀情，她的長相清秀，卻是禁欲的「青年反性聯盟」忠貞成員；另外，他會在深夜裡研讀傳說中的禁書，也就是由政府頭號憎恨對象艾曼紐．葛斯登（Emmanuel Goldstein）所寫的書（很可能是以俄國布爾什維克領導人托洛斯基〔Leon Trotsky〕為原型），歐布萊恩（O'Brien）將這本書交給茱莉亞，他看上去是內黨中的溫和派成員，但是可惜了，他其實是刻意放餌引魚上鉤，說不定茱莉亞根本是自願成為他的共犯，而溫斯頓被人從骨董店樓上兩人的藏身處拖了出來，帶往仁愛部，強迫他重新融入符合大洋國期待的社會。也就是在這個時候，《一九八四》意識形態外皮底下的真正意涵才受到了嚴格檢視，一個極權政府經常會讓人懷疑起其權力基礎的歷史正當性，能夠將曾經的朋友變成敵人，若是某個位置不再有用就會遭到捨棄，結果就是必須毀掉所謂客觀知識的概念，而自然要毀掉知

識的工具就是知識本身。依據這樣的標準看來，經典傳說中的暴君不過就是抓準機會的一群流氓，完全欠缺重塑過往歷史發展所需要的細膩心智。但是二十世紀的極權者則是採取更為邪惡的手段，歐布萊恩針對這個主題的一席話是書中最令人戰慄的一個片段：不是告訴一個人二加二等於五然後叫他假裝相信，而是要說服他其實就是這樣。溫斯頓飽受折磨、威逼恐嚇、洗腦，抽泣著縮成一團，默認了這一切，贏過了自己的內心，他愛老大哥，反叛終告失敗。

《一九八四》對初版讀者的驚人影響不只是對於溫斯頓投降的驚恐、對於他跟茱莉亞那席危險的對話（「聽著，妳有過越多男人，我就越愛妳，妳懂嗎？……我討厭純潔，我討厭善良，我不希望美德存在在這個世界上。」），或者在一〇一室的刑求房中威脅著要放出一整籠飢餓的老鼠撲向他毫無保護的臉，而是讓讀者驚覺，歐威爾所創造出的反烏托邦世界巧妙反映出全世界在戰後的地理政治版圖，就像第一位為歐威爾作傳的伯納德．克里克（Bernard Crick）曾經評論道：「若是未將《一九八四》放在當下時代的情境閱讀，就會誤讀了這本書。」在一九四九年當下，第二次世界大戰結束後僅僅過了四年，大洋國極權政

權壓迫的情境正反映出在納粹德國投降後美蘇之間的對峙。蘇聯領袖史達林（Joseph Stalin）並未利用蘇聯在世界局勢中的好感度以得益，再加上蘇聯紅軍（Red Army）對戰事所做出的巨大貢獻，他在一九四五年至四七年間在西方邊境建立起緩衝，將自己的盟友安插至才剛解放自由的國家政府中任職，當地雖然有出現頑強抵抗，例如在戰後時匈牙利首次（也是唯一一次）自由選舉中，共產黨只拿下百分之十七的選票，不過到了一九四五年底，波蘭、羅馬尼亞及保加利亞等國都完全成為蘇聯的衛星國家。

如果說後來稱為「冷戰」的第一波調遣策略已經足以驚動美國政府，那麼隨著這些動作出現的言辭，尤其是史達林在一九四六年初便宣示了資本主義不免會引發戰爭，只是讓情況更進一步惡化，美國國務院憂心忡忡地說，這就像「針對美國遲來的宣戰」。

一九四〇年代晚期開始出現一種想法，認為這個世界或者無論是西方哪個部分，都已經不再是眾多獨立運作思考的主權國家，而是集結成一片龐大的領土疆域，未來發展將倚賴軍事及科技的力量，這種想法成為政治論述的重點。一九四

七年耗費數百億美元的馬歇爾計畫（Marshall Plan）便是美國方面有意嘗試，扶植支持美國的歐洲國家，幫助他們達成重建破碎經濟的目標，並保護他們的政治體制不致走向獨裁。「我相信美國必須有這樣的政策，能夠支持自由的人民抵抗少數殘暴之人或者外在勢力的征服意圖。」該計畫開始推行時，杜魯門總統（Harry S. Truman）便有這樣的觀點。同一時間，自從一九四五年八月在日本首先引爆了兩枚原子彈之後，軍備競賽便宣告開始且迅速進行，在一九四六年至一九四八年間，美國在馬紹爾群島（Marshall Islands）的比基尼環礁（Bikini Atoll）就分別引爆了二十三種裝置，同時蘇聯也不斷縮緊對東歐的控制。「我到莫斯科去的時候，身分是一個獨立主權國家的外交部長，」一名捷克政治人物在一九四七年被召到克里姆林宮之後抱怨道，「回來後卻成了蘇聯的奴隸。」

自從出版之後，《一九八四》便可被視為第一本冷戰小說，不過對英國讀者來說則有一種更直接的連結。大部分先前所出版的反烏托邦作品，例如H・G・威爾斯（H. G. Wells）的《當沉睡者醒來》（*When the Sleeper Wakes*），或者阿道斯・赫胥黎（Aldous Huxley）的《美麗新世界》（*Brave New World*），背景都設

定在遙遠的小島或者非人工打造的夢幻國度上，而這本書的景色卻是如此熟悉：將戰後的倫敦發展油門踩到底，一切建設都是為了實現邪惡的功利主義，這麼說或許不算誇張，小說的第一批讀者會受到溫斯頓在故事中虛構的苦惱所吸引並有所共鳴，因為他們每天漫步經過的世界裡，同樣充滿了炸彈轟炸留下的痕跡以及堆積成小山的瓦礫，所以會認為書中描述並扭曲了他們已經熟悉的景象。說得更詳細一點，在一九四九年讀到《一九八四》的讀者若是沿著倫敦的河岸街（Strand）往西走（這正好就是歐威爾在一九四三年至四五年搭公車從工作地點返家的路線），就能在路上聽見丹麥聖克萊蒙教堂（St Clement Danes）的鐘聲，也就是那首兒歌的起源：「鐘聲唱出柳橙和檸檬，就在聖克萊蒙。」正是思想警察破門逮捕溫斯頓和茱莉亞時唱的歌。很快會行經「勝利廣場（Victory Square）」（特拉法加廣場〔Trafalgar Square〕），在那裡就會看見納爾遜紀念柱（Nelson's Column），在小說裡則是被老大哥的雕像取代，用以慶賀他在第一起降跑道之役的勝利。那裡還矗立著聖馬丁田野教堂（St Martin-in-the-Fields），大概是以一座充滿蠟像陳列品的政治宣傳博物館取代了。附近還有其他重要地標，例如抬頭望

向第一起降跑道的天空，眼前就是真相部（「一座巨大的建築，外牆是光亮無比的白色混凝土」），顯然是根據倫敦大學議會大樓（University of London's Senate House）的外型，在戰時這裡也是英國情報部（Ministry of Information）的總部。這些巧妙利用了地景建物的描寫手法層層堆疊起來，也無怪乎大多數戰後的倫敦人會覺得，第一起降跑道以及自己窗外的世界之間的相似性實在有點明顯到無法安心。

《一九八四》如此直接的逼真性是一大賣點，這本小說的不尋常就在於表面說是設定發生在未來的故事，但是大部分場景似乎都是從當前的時空借用來的：就像是另一個宇宙，但奇怪的是，卻又根源於戰後權力政治運作的最新景況。到了一九四九年秋天，這本書飄洋過海流傳到大西洋另一頭也大獲成功，美國每月之書俱樂部（Book of the Month Club）指定為選書、《讀者文摘》（*Reader's Digest*）上做了簡介（這樣可以保證有六位數銷售額），還有百老匯劇團看上了。這一切對歐威爾而言都太遲了，等到這本小說開始攀上暢銷排行榜的時候，他已經病入膏肓，肺結核已經折磨著他的呼吸系統好幾年了，早先他在跟經紀人與出

版商來回討論時，人已經住進格羅斯特郡（Gloucestershire）山上的療養院，然後就在夏天即將結束之際，救護車載著歐威爾將他送進了倫敦大學學院（University College London）。友人還抱著一絲希望，認為他有可能康復，他的朋友安東尼．鮑威爾（Anthony Powell）十月時前去探望，認為從某些方面來看，「他已經比我過去看到他時的狀況還更好了」。歐威爾得到了坎特伯里大主教的特別授權，讓他能夠躺在病床上迎娶比他年輕許多的索妮雅．布朗奈爾（Sonia Brownell）為第二任妻子，他自己認為這麼做讓他有了活下去的目標。不過這只是迴光返照，耶誕節的下午有另一位朋友去探望他，之後說：「空氣中瀰漫著死亡的臭味，就像秋日裡的花園。」在最後那段日子裡，歐威爾有幾次感嘆起自己終於成名背後卻是悲情的諷刺，他對來訪的朋友說：「我終於賺大錢了，但我也要死了。」一九五〇年一月二十一日凌晨時分，他肺部裡的一根動脈血管爆裂，不到幾分鐘便宣告死亡。

許多人悼念他、哀嘆著他的離去。在他的葬禮當天，他的朋友馬爾科．蒙格瑞奇（Malcolm Muggeridge）讀著訃聞，覺得自己在這些文字中讀到「如何造就一

位傳奇之人」。《一九八四》也成為傳奇，美國中情局將之化為武器、眾多電影電視改編築成一道穩固的支撐高牆，可能也啟發了其他創作藝術家、許多電玩遊戲和流行歌曲作詞家視之為重要養分，政客也引述書中的字句，還吸引了上百萬名大眾讀者，這段傳奇在接下來七十年間還會持續發展，到最後這本書將會被視為理解二十一世紀所必須閱讀的重要文本。如今的世界裡充滿了煽動者、「假新聞」，以及更加深入侵犯私人領域的科技，可以說歐威爾似乎還相當活躍。

2 成為作家之路

大部分歐威爾的傳記都必須以目的論的方式寫作：要詳述他的人生及重要時刻就要從《一九八四》的成就開始，然後往回倒敘，如此才能說清楚在這本書寫作之前的年月裡究竟發生了什麼事，讓他想要以這樣的方式寫下這本小說。他是什麼樣的人？歐威爾的摯友安東尼・鮑威爾寫下總共十二卷的系列小說《隨時間之樂起舞》（*A Dance to the Music of Time*），為有聲書獻聲朗讀的尼克・詹金斯（Nick Jenkins）曾經說，他認為普通人的一生中最重要的不是發生了什麼，而是這個人去經歷了自己認為所發生的一切，也就是我們圍繞著自己所創建的個人神話，其實就與我們的存在如此可驗證的事實一樣重要，或許更甚之。因此，所有

認真探討歐威爾一生的論述都會從他是誰、做過什麼等基本資訊，然後再接著討論更為吸引人的問題，即他想像的自己是什麼樣的人。

歐威爾和許多二十世紀早期的英國人一樣是英屬印度之子，一九〇三年六月二十五日出生於孟加拉地區鄰近尼泊爾邊境的莫蒂哈里（Motihari），取名為艾瑞克・布萊爾（Eric Blair，他一直不喜歡這個受洗的名字），他的父親理查・沃麥斯里・布萊爾（Richard Walmesley Blair）在印度政府的鴉片部門工作，監督毒品交易，這也是政府的一大收益來源。老布萊爾在大英帝國殖民地工作有二十年經驗，在他的獨子出生時已經是四十好幾，在艾瑞克出生一年後，理查的妻子愛妲・布萊爾（Ida Blair）帶著襁褓中的艾瑞克以及他的姊姊瑪喬麗（Marjorie）回到英國，而理查自然還是留守崗位，他在一九〇七年短暫離開工作，結果夫妻倆生了第二個女兒愛芮兒（Avril），不過這樣的結果是讓歐威爾大多時間都在牛津郡（Oxfordshire）度過的童年充滿了愛妲・布萊爾的身影。雖然歐威爾很愛他的母親，母親也十分愛他，不過他長大後想起自己的父親卻只記得他是一個古怪老人，總是說「不要」。理查・布萊爾最後高升成為第四級鴉片局副官，這份工作頗受

人敬重但薪水不高，歐威爾在童年時期便不斷糾結著自家的社會地位這個問題。

或者至少歐威爾是這麼告訴我們的。他相當執著於階級，幾篇文筆最犀利的文章中都帶著某種直覺，自動尋找最細瑣的社會差異，而這對二十世紀初期的英國男性自覺來說至關重要。他們有高貴的祖先，某位遠親娶了威斯摩蘭伯爵（Earl of Westmorland）的女兒，家中掛著先祖的家族畫像，拉開餐具抽屜也能瞥見閃亮的骨董銀器，不過到了一九〇〇年代初，布萊爾家族屬於沒落仕紳的階級，正如伯爵的來孫*1 特別精確地描述為「低階上流中產階級」。歐威爾認為在自己的成長過程中，缺錢是一項關鍵的主題，這表示就像他曾經說過的，他家庭的社交歷練總是理論而非實際經驗。理論上來說，布萊爾家是那種盛裝打扮用餐的人，但其實他們家根本請不起那麼多僕人，能夠準備出那樣的餐點，讓人得穿上禮服外套與晚宴衣裝才能坐下用餐。理論上來說，他們的消遣娛樂包括了傳統上流階級喜歡的野外打獵、射擊與釣魚，但其實他們從來就沒那份閒錢去追著獵犬跑或者宰

1 譯注：孫—曾孫—玄孫—來孫。

殺雉雞。

布萊爾一家飽受社會階級所帶來的磨難，而這樣的想法便跟著歐威爾一路到了他的青春期。他聰明早慧，因而獲得獎學金能夠就讀一所屬於上流階級的預備學校，也就是位於英格蘭南岸的聖西普里安學校（St. Cyprian's）（他正是在這裡遇見終生好友文學評論家西瑞爾．康納利〔Cyril Connolly〕），接著在一九一七年夏天，歐威爾又拿到一筆獎學金，挾帶著如雲的學術成就繼續就讀溫莎（Windsor）宮畔的伊頓公學（Eton College），這是英國傑出公立學校中名聲最盛的學校。他在那裡認識的許多男孩畢業後都會追尋漂亮的工作，例如投身政治、從事外交、擔任法官或者成為傑出的學者，未來的英國首相休姆爵士（Alec Douglas-Home）就是他當時的同學。可是反觀歐威爾卻對用功讀書一事能免則免，他勉強擠進了學校的第六學級（大學預科），不過就只讀了一個學期，並且展現出所有叛逆期的典型徵兆，也為他的成年生活增添幾筆色彩：同樣就讀伊頓的康納利形容自己只是「裝出叛逆的樣子」，但堅持認為歐威爾可是「來真的」。顯然歐威爾不可能像其他才華洋溢的朋友一樣去念牛津或劍橋大學了，他

過完十八歲生日後不久，反而選擇加入了大英帝國海外殖民政府的另一個部門：緬甸帝國警察。

有時候會有人將歐威爾在東方度過的那四年半歲月視為可怕的流放刑罰：一個未滿二十歲的男孩被送到離家一萬兩千多公里以外的地方，那裡可以說是大英帝國領土中最難適應的一塊土地。事實上，對於他這個年紀、這樣社會背景的年輕人來說，既然無法在學校出類拔萃，選擇這樣的職業倒是非常合情合理。布萊爾家在殖民地已經是熟門熟路，他母親的娘家里慕辛家（the Limouzins）在這個地區耕耘已久，還有親戚住在那裡。也有人認為還有其他可能，一位朋友就曾經說：「他的想像力在某一方面來看是很了不起，但他卻完全想像不到任何現成的工作實際上是什麼樣子。」在此同時，緬甸的組織系統很棘手，助理地區專員的訓練不足，就被派去駐守在荒郊野外，那裡獨獨只有一位警官會說英文，而一年會發生三百件謀殺案：年輕人去了那裡會快速成長。歐威爾於一九二七年從東方回來，有時也會出現同樣的困惑，他從緬甸回來並不是想表達自己有多麼鄙視帝國的殖民計畫（雖然他確實有感到幻滅），而是因為他染上登革熱病重，所以得

到六個月無薪假。他搭的船於提伯利（Tilbury）靠岸後不久，他才決定要放棄這份工作，並暗暗想著要「成為作家」。

這時，《一九八四》的幾筆架構，或至少能營造出書中那種心理氛圍的暗示已然成形。歐威爾在二十四歲時便在這樣的地方工作了好幾年，就連支持帝國主義的人都知道英屬緬甸政權異常的壓迫，就連《緬甸歲月》（*Burmese Days*，一九三四年）中那群流連凱奧客他達俱樂部（Kyauktada Club）的無趣傢伙，有時候多動腦袋想想，似乎也知道英屬緬甸政府對當地緬甸人的影響是多麼愚蠢無效。同時他也已經開始受到健康不佳的問題所苦，這在他往後的人生都是甩不掉的難題，而我們在檢視這本小說那種駭人而令人筋疲力竭的特性時必定要將這一點列入考量。歐威爾在眾多文化品味上都相當理想性、非常傳統，他很熱中於「書本」，不過即使在性情上不盡然如此，就地理位置而言他也脫離了當時不斷拍打著西歐海岸的現代主義及實驗主義文學浪潮，還有朋友暗指他既謹慎又迷信，有時候還堅信自己遭到監視。有一位叫做潔辛塔．巴迪康（Jacintha Buddicom）的女孩是歐威爾在少年時暗戀過的對象，潔辛塔還記得他曾肯定地說，他從緬甸寄回

家的信件都被殖民地政府高層打開過了，歐威爾也曾經跟友人理查．瑞斯（Richard Rees）說出心底話，表示看見自己的名字被印刷在紙上會讓他覺得不舒服：「畢竟你怎麼能確定你的敵人不會剪下來施什麼黑魔法呢？」

這一切會讓人冒出一大串疑問，若是要討論歐威爾的文學之路就不能完全忽略：他身為局外人的地位。在一九二〇年代末至一九三〇年代初進入倫敦文壇的年輕人當中，大多數都是透過一連串私人交情，可能是在大學時建立起的人脈，或者是父母影響的結果：例如伊夫林．沃（Evelyn Waugh）的第一本書便是由達克沃斯（Duckworth）公司出版，而伊夫林在牛津的老朋友安東尼．鮑威爾就在這裡工作；他的第二本書則由查普曼與霍爾（Chapman & Hall）出版，他父親就在這裡擔任常務董事。就算歐威爾不是真的沒有朋友，他在緬甸那段時間也將他與重要的支持與贊助來源切斷了，比起其他正要嶄露頭角的同時代作家，包括康納利（一九〇三年生）、鮑威爾（一九〇五年生）、沃（一九〇三年生），以及格雷安．葛林（Graham Greene，一九〇四年生），歐威爾是從零開始，從最基礎的寫作開始學起，而處境較好的對手早就能看著自己的第一本小說付印了。他進展很

慢，花了五年才生出一本能夠出版的書（《巴黎倫敦落魄記》〔*Down and Out in Paris and London*〕，一九三三年），而在一九三〇年代期間他完全無法說自己是全職作家。在這段漫長的學習期間，他大多待在薩福克郡（Suffolk）的海邊小鎮索斯沃德（Southwold），年邁的布萊爾夫婦在這裡過著退休生活。當他扮成流浪漢四處遊蕩，實踐了《巴黎倫敦落魄記》的英國部分時，不時就會回到這裡，或者他在幾家私校教書時放假期間也是回到這個家。也就是在索斯沃德，他決定使用喬治．歐威爾這個筆名：他向女友艾琳諾．賈克斯（Eleanor Jaques）解釋，這是一個好聽又道地的英國名字，取自國王的名字以及鄰近河流的名稱。

會說明這一點是要強調歐威爾相較於其他當代作家有多麼不成功，至少一直要到他四十出頭才算成名，在此之前他並不出名，相較之下又不受賞識。在一九四五年出版《動物農莊》（*Animal Farm*）之前，他唯一真正成功的作品是《通往維根碼頭之路》（*The Road to Wigan Pier*，一九三七年），不過雖然左書俱樂部（Left Book Club）的版本流傳甚廣，最後卻沒有多少錢落入作者自己手上。《致敬加泰隆尼亞》（*Homage to Catalonia*，一九三八年）一書記錄他在西班牙內戰的

經驗，只賣了幾百本：出版這本書的弗瑞德・沃伯格（Fred Warburg）認為歐威爾是個「才華洋溢的年輕作家，卻沒闖出太大名堂來」。他在三〇年代後期一週的收入很少能超過幾百英鎊，他和第一任妻子還在赫特福德郡（Hertfordshire）一處小小的村落經營雜貨店，也有些朋友覺得他只是假裝有在經營。他的名字也僅限於一小群讀者才知道：一九四〇年初，他的文章〈男孩的週刊〉（Boys' Weeklies）刊登在康納利的月刊《地平線》（*Horizon*）上，康納利收到老闆彼得・華森（Peter Watson）來信，信中熱切問起這個喬治・歐威爾是誰。一直到了一九四六年，這時他已著手進行《一九八四》的初稿，仍然不太有自信地通知他的遺囑保管人說：「萬一我在這幾年間斷氣，我實在不認為你有很多遺產要處理，大概就是跟出版商討論再版的事，還有決定是否要留下幾份雜亂無題的文件。」

認為自己無論做什麼都不會成功，就是歐威爾看待自己的最核心概念，要說他成年後大多時間都執著於失敗這個想法也不算誇張。他曾寫道，人生就是一連串的挫敗，只有非常年輕或者非常愚蠢的人才會相信並非如此。他也將這種人生包袱帶進了最後一本小說《一九八四》的世界裡，書中充滿了細瑣的小碎片，這

是幾十年來累積的成果，其中有一些明顯是借引自歐威爾在牛津郡後巷度過的童年，安東尼・伯吉斯便已經點出小說中的比喻手法有多麼鄉村：歐布萊恩談起將小孩帶離母親身邊就像是從母雞身邊拿走雞蛋，談起三個互相抗衡的超級國家仰賴彼此才能讓站直，「就像牧草田上的三綑乾草」，又或是溫斯頓一度提起自己那一杯難聞的「勝利牌杜松子酒」散發出「噁心油膩的味道，就像中式發酵米」，這可不是倫敦土生土長的溫斯頓・史密斯會使用的比喻，不過歐威爾這位曾經在緬甸當過警察的作家還記得他在東方的歲月。

有時候包袱一打開透露出的內容更多了，有人可能會注意到書中一個場景，溫斯頓被思想警察從查靈頓先生骨董店樓上的藏身處拖了出來，準備要帶往仁愛部審問，這段似乎可以聽見歐威爾早年生活叫喊著發出的回音。首先是這個場景非常類似於一篇未發表過的故事，叫做〈鏗鏘〉（Clink），早在一九三二年八月就寫好了，故事描述歐威爾自己經歷的事件，他急著想尋找能寫報導的「題材」，於是在倫敦北部一家酒吧喝了個酩酊大醉，然後跌跌撞撞走到街上，刻意想讓自己遭到逮捕，他的計謀得逞，被拘留在東區的貝斯諾格林（Bethnal Green）

警局四十八小時，罪名是無故酗酒，並被罰了六先令。這篇故事或許是平鋪直敘的報導，不會有人被思想警察痛揍一頓，或者被帶去受刑，不過整個情境背景和歐威爾在一九三二年所描述的驚人相似：「他們讓我們等上好幾個小時，牢房裡不舒服到十分可怕，因為在那張平板床上的空間不足以讓我們所有人都坐下，而且雖然人數眾多，卻還是冷到嚇人。」

包括實際細節的冷酷氛圍也很相似。警局裡的牢房也跟仁愛部一樣缺乏像樣的衛生設備（「幾個人都去上了廁所，在這麼小的空間裡實在很噁心，尤其塞子又沒有用……牢房裡噁心的排泄物臭味開始讓人難以忍受。」），不過目前這條線震動最強烈的一刻應該是書中這段，溫斯頓坐在牢房內等著被叫喚到「一〇一室」的時候，來了一位「相貌平淡無奇的男人，看起來好像是工程師或技師那一類的人」，這個男人有一張如骷髏的臉再加上突出的雙眼，顯然就快餓死了，其他囚犯中有一個人發現了他的困境，便伸手從工作服的口袋裡拿出一塊麵包，電屏馬上傳來憤怒的吼叫，一個不知道是誰的聲音叫喊著：「邦斯德！編號二七一三，邦斯德．傑！放下那塊麵包！」誰是邦斯德．傑？結果這個名字是指一位名

叫傑克・邦斯德（Jack Bumstead）的男子，他是索斯沃德一名雜貨商的兒子，布萊爾家在一九三〇年代會去跟他買東西，就在歐威爾最後一次看到他之後過了至少十年，作家借用了他的名字並放進一本背景設定在想像未來的小說裡。

然後還有《一九八四》中驚嚇指數破表的高潮片段：蟄伏在一〇一室籠子中飢餓又充滿攻擊欲望的東西。在歐威爾的出版著作中幾乎都能見到他對老鼠的執著，頻率之高，可以說他常常就像是某種文學版的吹笛手，跳著舞帶領著一隊安撫不了的毛團老鼠，從一本書又繞到下一本書。從他少年時騎著腳踏車，乙炔車燈照映出的那些小動物，乃至他在流浪漢遊歷期間遇到一位「害蟲人」，這人以自身經驗告訴他，在倫敦有幾家餐廳若是要進他們的廚房就得帶上裝滿子彈的左輪手槍，對歐威爾來說，老鼠無所不在：他曾經在巴黎的廚房餐桌上看見兩隻體型超大的老鼠，正享用著一條前一晚留在桌上的火腿；在西班牙的壕溝裡也能看見「巨大壯碩的畜牲」迅速來來去去，「牠們肆無忌憚，除非對牠們開槍，否則見了人也根本不逃」，又或者牠們會沿著溝渠前進，噴濺出水花，「聲音大到好像是水獺一樣」。就連在《巴黎倫敦落魄記》中，他第一次進入東區一間便宜的

旅社，便形容說「我覺得自己就像走進了某個可怕的地下空間，例如充滿老鼠的下水道」。歐威爾曾經說過，如果要說他討厭什麼，那就是一片黑暗中有隻老鼠爬過他身上。而在《一九八四》中，對老鼠的恐懼繼續延燒，在這本小說所營造的種種恐懼中，溫斯頓被丟進一〇一室並面對他最害怕的東西，讓他隱約瞥見那灰黑的口鼻和發黃的牙齒，這一幕的震撼是最強烈的：不只是因為這段描述而引起的恐懼，更會讓讀者的懷疑不斷升高，高到讓人產生焦慮，而這也是歐威爾人生中的核心。

在一九三四年至一九三九年間，歐威爾出版了四本長篇小說，除了有一些華麗的文體格式及前衛的抽象描寫以外，這些作品在地理背景設定上帶著相當謹慎的現實主義，雖然購買、閱讀這些小說的讀者相對少數，不過一定能夠馬上認出這些地方，不過到頭來，這每一個地方都默默預示著《一九八四》中那片有如噩夢般的景象。《緬甸歲月》中的弗洛里（Flory）是對生活不滿的殖民地木材商，總離不開威士忌酒瓶，在當地也養了個情婦，他閒暇時會到一處偏遠的地方小鎮

打發時間，遇見一位初來乍到的女子，他堅信只要娶了她就能彌補自己枯燥乏味的生活。《牧師的女兒》（*A Clergyman's Daughter*，一九三五年）則描寫了一位神經兮兮的未婚女子桃樂絲·海爾（Dorothy Hare），她在莫名失去了記憶之後，發現自己在倫敦街頭遊蕩，然後又到肯特郡（Kent）摘採啤酒花維生，最後進入一間破敗老舊的私校教書。另一方面，《讓葉蘭飛揚》（*Keep the Aspidistra Flying*，1936年）的主角葛登·寇姆斯達克（Gordon Comstock）則是個跟不上時代的詩人，因為詩作不斷遭到退稿而苦惱，面臨「窮財神」的攻擊，他急切地想維護自己的尊嚴，於是放棄了在廣告業的安穩工作，轉而到書店任職。在《上來透口氣》（*Coming Up for Air*，一九三九年）中，喬治·博林（George Bowling）是個身材發福的中年男子，與總是鬱鬱寡歡的妻子希爾妲（Hilda）困在了毫無驚喜的婚姻中，於是他瞞著妻子出門旅行，想要重新探索他童年時在牛津郡看見的那個世界。

弗洛里、海爾、寇姆斯達克以及博林，是什麼將他們與溫斯頓·史密斯走過第一起降跑道飽受轟炸的街道遊歷連結在一起？歐威爾早期作品中一個關鍵的思

考重點就是操縱的概念，藉由讀者在書中能看見惡意的外在力量干預角色的人生展現出來。若說在歐威爾早期的小說人物有什麼不變的特色，那就是作家習慣孤立、犧牲他們，讓他們單獨或者相對無可依靠地處在充滿敵意的世界當中，他們逃脫不了，時時刻刻也都不斷遭到監視。「奈佩丘」（Knype Hill）就像披上些許偽裝的索斯沃德，在《牧師的女兒》中的描述就像個蟻丘般，充滿著惡意的八卦謠言以及小心按捺著的厭憎，在這裡怨恨之心勝過了基督教的仁慈，人人都時時偷聽著鄰居的對話並意圖貶低他們。「這就是那種慵懶而傳統的街道，無意間造訪時看起來平靜得如此完美，但若是住在這樣的街道上，又是完全不同的風景了，每扇窗戶後面都站著你的敵人或債主。」歐威爾這般形容書中城鎮的主要道路。《緬甸歲月》的背景主要設定在凱奧克他達（Kyauktada）中一個充滿吉卜林*2氛圍的歐洲俱樂部，幾乎可以說就是將緬甸殖民地描寫成根本就是極權社

2 譯注：喬瑟夫・拉雅德・吉卜林（Joseph Rudyard Kipling），英國諾貝爾文學獎得主，代表作有兒童故事《叢林故事》（*The Jungle Book*，一八九四年）等。

會，或者甚至還更進一步。「我們得活在這個悶熱又僵化的世界裡，」弗洛里跟他的印度友人維拉斯瓦米醫師（Dr. Veraswami）這樣說，「在這個世界裡，每一個字、每一個念頭都受到審查……言論自由根本無法想像。」

讀者很快就發現，歐威爾筆下所有主要角色都是作家那隻狡猾之手的受害者：脫離而孤立、毫無隱私，總是任由巨大而無法平息的力量擺布，即使抗拒也是徒勞。葛登．寇姆斯達克或許只需要應付他那位警戒性高的女房東威斯比奇太太（Mrs. Wisbeach），但即使如此，他在髒亂不堪的倫敦西北區租房子，也是不斷遮遮掩掩過日：偷偷摸摸泡杯茶的同時也仔細聽著樓梯上的腳步聲，或者將用過的茶包偷偷丟進馬桶裡沖掉。喬治．博林也一樣害怕被發現，他回到自己童年時經常去的泰晤士河谷（Thames Valley）附近，這趟悼念緬懷之旅或許完全沒有可疑之處，不過一想到他妻子可能派了人不顧一切辛苦而跟蹤著他，就讓他動彈不得，當他無意間聽到緊急廣播中據稱有一位與他妻子同名的女性病重垂危，在他看來似乎很明顯就是妻子希爾妲的一次「閃避」手段，她編造出這則騙人的惡作劇，就是刻意想讓他受苦。即使當時歐威爾尚未想出電屏這個在《一九八四》

最具代表性的發明，也是書中最接近二十一世紀的一項科技精密產品，不過這樣的概念在他腦中已經呼之欲出，也就是在我們生活的世界中，自治的權力一直都會受到監聽人民的權威高層所限制。

不過歐威爾在這四本三〇年代的作品，和溫斯頓．史密斯之間最強烈的關連是，主角最終的下場皆是起身反抗準備鎮壓他們的組織，而到最後都被迫撤退、屈服，或者總是跟那些控制他們人生的力量無論是直接或間接達成某種共存。弗洛里犯了錯，冒犯了一位位高權重的當地治安官，因此遭到美豔動人的伊莉莎白（Elizabeth）拒絕後便開槍自殺了。桃樂絲在街頭流浪漢當中遊蕩、又去了克里維夫人（Mrs. Creevy）的破敗私校，經過這一番遊歷，最後還是回到她父親的牧師宿舍裡，困在悲慘的生活中，會有鬧鐘召喚她去參加聖餐禮，深夜時分也要為教堂的慶祝活動製作服裝，房裡充滿了膠水罐那種刺鼻的腐臭味。葛登出現在蘭貝斯（Lambeth）的貧民窟，他為了迎娶自己懷孕的女朋友而無意間來到這裡，住在艾居維爾路（Edgware Road）上一間附家具的公寓，並且回頭心平氣和地接受了「正當的工作」。博林再次回到下賓菲爾德（Lower Binfield），不過在他腦海中

揮之不去充滿了肥美大魚的水池卻已經便成了垃圾掩埋場，於是他又聽話地趕回郊區住家去面對妻子希爾妲的怒火。就像溫斯頓一樣，他們每個人都勝過了自己，可是他們拚了命想躲避的命運到頭來卻是逃避不了，最多只能期待在這段心智逐漸被征服的過程中求得某種相安無事，對自己的想法或世界觀做出細微的調整，提醒自己真正的模樣。

弗洛里、桃樂絲．海爾、寇姆斯達克以及博林和後來在真相部負責篡改真相的那個人可以說都是同一塊布剪下來的角色，不過除此之外，在這些積鬱、反叛和挫敗的故事中，還有其他東西在發展，在此同時，這些人遊歷其中的想像世界也藏著不少預言式的提點，拐著彎預示後來在《一九八四》中被刻畫出的領土。《牧師的女兒》中一開始便敘述桃樂絲因為鬧鐘響起而被吵醒：「可憎的金屬鐘就像顆小炸彈。」而在《讓葉蘭飛揚》的前段，葛登回想起飛機來了，很快整個世界就要響起高爆彈的轟隆巨響，就連他的姓氏原來也是預言了新語的修剪造詞方式（Comstock＝Common Stock〔普通人〕），「我的詩已死去，因為我死去了，妳死去了，我們在這死去的世界都是死去的人。」他對自己的女友蘿絲瑪莉

（Rosemary）如此說教道，就像十幾年後溫斯頓沉思許久之後認定：「勝利的唯一機會只存在於遙遠的未來，到那時妳已經死了很久很久，從妳跟黨宣戰的那一刻起，妳就等於死了。」他也會清楚告訴茱莉亞：「我們死定了。」溫斯頓從自己在勝利大廈中的小公寓裡檢視著外面的街道，「颳起一陣風，捲起了灰塵和碎紙片」，這景象和葛登在漢普斯德（Hampstead）書店旁看見的一模一樣，那裡「一長條紙片就像一面小三角旗般迎風顫抖著」。接著還有葛登回到公司後所負責的廣告宣傳工作，是能夠解決腳汗的藥品，用一句口號「P.P.（足部流汗）——**你有嗎？**」來強調效用。如果認為這句話「簡單到太邪惡」，那麼似乎距離老大哥和思想警察造成的迫切恐懼也只有一、兩步之遙。

不過這些牽引安排都比不上歐威爾對於「黃金國度」的感傷憂思更加頑固不改，所謂黃金國度是指一處鄉間田園，是故事主角逃脫時的去處，通常身邊會有一個女人，能夠暫時忘卻那些攻擊著他的牽掛，消磨一、兩個小時。有歐威爾的老朋友提出他試圖將自己對自然的愛與對女人的愛連結在一起時，便經常放下警戒。在《一九八四》第三章就有一段傳達出這種意涵，溫斯頓躺著回想起自己的

早年生活以及他母親逝世的悲劇。

突然間，他就站在夏日午後潮濕的短草坪上，太陽光斜斜地照在地面上，眼前的景色實在太常出現在夢裡，他一直都無法肯定自己到底有沒有在現實生活中見過，醒來時便把那裡叫做「黃金國度」。那裡是一片存在已久的牧草地，到處都有兔子啃過的痕跡，地上有一道道腳印，還有四處可見的鼴鼠丘。草地的另一端豎立著參差不齊的樹籬笆，榆樹巨大的枝幹在微風中輕輕擺盪，茂密的樹葉互相擾動著，就像女人的頭髮。距離身邊不遠，他看不見的地方，有一條清澈的小溪緩緩流動，鰷魚在柳樹下的小池子中游著。

夏日的草地還有「陽光照耀的」地面，想到兔子、鼴鼠還有鰷魚在池中優游，像女人秀髮般擾動的樹葉，這一段敘述十分具體，脫胎自歐威爾幼時便很憧憬的那種適合沉思、步調緩慢的鄉村生活，而且像這樣的段落在他早期的作品中俯拾即是。在《緬甸歲月》中，弗洛里和伊莉莎白並肩漫步走過一片剛收割過的田地：

「太陽照耀著整片伊洛瓦底江面，光線在田地上散發出黃色光芒，剛收割過的莖稈也鍍上一層金，在他們臉上映出黃色而柔和的光。」兩者有相同的氛圍，包括即將落下的太陽以及會反彈的草地，而且值得注意的是當中還有些相同的比喻效果。《讓葉蘭飛揚》中也有類似的場景，葛登和蘿絲瑪莉週末到距離倫敦三十二公里以外的伯恩罕櫸樹林（Burnham Beeches）出遊，又是同樣有陽光照耀的田野，還能看見兔子從窩裡跳躍出來，逗得兩人樂不可支。同時，博林則是駐守在黃金國度的狩獵監督員，這位四十五歲的保險業務就跟創造他的人一樣，執著於自己在愛德華時代*3的童年，總是夢想著自己在牛津郡綠地上漫無目的長時間散步，還有一整池肥碩的鯉魚，就等著某個厲害的釣客把魚都抓走。

如果歐威爾在一九三九年之前創作的角色在某種程度上都想「上來透口氣」，短暫浮出水面，趁著水再度淹沒頭頂之前吸取一口自由的空氣，那麼喬

3　譯注：英國國王愛德華七世在位時期，大約是一九〇一年至一九一〇年，有些人也認為可延伸到一九一四年。

治．博林試圖再次探索遺落在過往中那片土地，這個故事就是《一九八四》最明顯的一次排練。博林是經歷過一九一四至一八年戰爭的退伍軍人，監控著從歐陸傳來的消息，越看就越覺得焦慮，不過面對可能爆發的第二次世界大戰（「就快來了，肯定會的」），他更不願意面對戰爭之後的未來前景。

但要緊的不是戰爭，而是戰後，是那個我們就要淪落的世界，那種充滿仇恨、充滿口號的世界。色彩斑斕的上衣、帶刺的鐵絲網、橡膠棍棒、日夜都點著電燈的祕密地窖，還有在你熟睡時監看著你的警探。還有遊行和畫著巨大臉龐的海報，上百萬人民聚在一起為領袖歡呼，聲音大到自己都聽不見了，也就以為自己真的崇拜著他，只是一直以來他們在心底都憎恨著他，恨到都想吐了。這一切都將會發生。

這段文字大概是在一九三八年底或者一九三九年初寫的，最基本看來是對於希特勒和史達林在新聞報導上的照片所做的回應，卻也完全像是預先透露出老大哥的

世界、兩分鐘憎恨還有仁愛部中的刑求室，歐威爾努力建構出英國在兩次大戰之間的未來景象，他擔心希特勒和史達林將會幫著實現。《上來透口氣》書中不只一次出現這樣的預示，這些線索通常都埋在博林緬懷往日的情境之中，讀來更是尖銳。在這本小說前半，博林像是在悼念般念著常見的英國淡水魚名稱（「擬鯉、紅眼魚、鰷魚、歐白魚、白魚……」），然後停下來沉思著，這些「名稱聽了就令人安心，命名的人沒聽過機關槍的聲音，未曾活在遭人劫掠的恐懼中，也不會一邊吞下阿斯匹靈一邊去看電影，想著該怎麼躲開進入集中營的命運，過著擔驚受怕的日子」。

博林參加了一場西布萊切利左書俱樂部（West Bletchley Left Book Club）的聚會，正當他坐著聆聽題為「法西斯主義的威脅」演講時，關於「戰後」的想法便偷偷鑽入他腦海。或許更值得注意的是他決定聚會一結束，便要在深夜造訪友人波提厄斯（Porteous）。在《上來透口氣》中明顯的現實主義情境下，波提厄斯是一名曾在公立學校教授經典文學的退休教師，在租來的房舍中過著如修道隱士般的生活，對於當前的世界帶著一種冰河時期的抽離感，卻又抱怨樓上鄰居的廣播

聲音吵雜，這人算得上是異數。到頭來你會懷疑，在博林推銷保險、流連酒吧的日常生活中應該不會認識這樣的朋友，不過他的存在是要聲明論點，這場辯論一開始，只是要讓來訪的博林能夠表達自己對二十世紀的變化最深層的感觸，波提厄斯則唱起反調。博林坦然接受了波提厄斯的挖苦之語，對方招呼他在一張扶手椅坐下，並送上一杯威士忌蘇打，他已經準備好聽著主人談經論典以平撫思緒，只是發現自己竟無法將演講者的聲音驅離腦海。最後他打斷波提厄斯，問道：他對希特勒有什麼想法？

不意外地，這名退休的教師對這位納粹領導人並無想法。（「我不認為有必要在意他……這些人總是來來去去，曇花一現，完全就是曇花一現。」）不過博林就沒那麼篤定，他解釋說：

我覺得你搞錯了。希特勒這老傢伙不太一樣，約瑟夫·史達林也一樣。他們不像往日的那些傢伙，把人釘上十字架、砍人頭什麼的就只為了取樂，他們追求的是新玩意兒，是某種過去從來沒有聽過的東西。

這一點也相當確實地將讀者引向《一九八四》的意識形態核心。博林始終認為，新形態的暴君對權力的興趣並不在於要成就什麼事，而是將權力本身視為目標。延伸而言，極權政權會一直密謀不讓人民得到自由，並不是因為這麼做會讓人民變得更好，或者有助於國家達成什麼軍事或政治目的，而只是因為極權政權就是會這麼做。

一來一往的爭論斷斷續續吵了一個小時左右（自然波提厄斯仍然不相信希特勒有何新意），又再加上關於「永恆真理」的討論，不過就在即將結束之際有那麼一刻奇特之處，當博林看著這位年長的主人靠在書櫃上，拿著一本詩集大聲朗讀著，他心裡忽然有一種感觸，那就是他的友人已經死了，並不是真的死去，而是說這個老人就像一縷幽魂，充滿感性、見多識廣又風趣迷人，但是腦子實際已不再運轉。博林心想著，他就像許多正經的人一樣心智停滯了：「他們面對即將來臨的事毫無防禦能力，即使臨到面前他們也看不見，以為英國永遠不會變，以為英國就是全世界。他們無法理解英國已經是一處燼餘，是炸彈剛好錯過的一個小小角落。」不過最後看起來炸彈還是不會放過英國，博林回到下賓菲爾德時就

有一幕這樣描寫著，一架英國皇家空軍飛機經過時不小心將載運的彈藥扔到大街上，一間蔬果商行被炸得稀爛，陶器磚瓦等都破碎一地，「其中躺著一條腿，就只是一條腿，上頭還穿著長褲跟一隻黑靴，靴底貼著伍德米爾恩牌的橡膠鞋底」。無獨有偶，溫斯頓·史密斯也在第一起降跑道遭遇過一次「蒸汽機」火箭砲轟炸，他掙扎著站起身，發現眼前的道路躺著一隻從手腕斷開的人類手掌。

《上來透口氣》是在一九三九年夏天寫成，不久後納粹與蘇聯簽訂互不侵犯條約，緊接著就爆發戰爭。雖說法西斯主義和共產主義在形式上的意識形態有所分歧，不過現在可以說這兩者基本上是同一件事情的不同版本，正是這本小說努力想要強調的論點。「集合吧，選擇你的領袖，」博林看著左書俱樂部的講者滔滔不絕，陰鬱地想著：「希特勒是黑的，史達林是白的，不過反過來說也可以，因為在這小傢伙的心裡，希特勒和史達林是一樣的，同樣代表了扳手和陶醉的群眾。」就在二戰前的最後一個夏天，幾乎在《一九八四》躍上書店架上熱銷的十年前，歐威爾已經逐步深入探索極權者心智的核心。

3 影響及啟發

在研究歐威爾一九三九年之前的人生時，幾乎所有人的疑問都是他如何發展出這種政治信念，讓他聲稱希特勒和史達林「追求的是新玩意兒，是某種過去從來沒有聽過的東西」，畢竟這位在一九二〇年代末剛從緬甸回來的警察，坐在父母索斯沃德的家裡打算要成為作家，這目標看來相當與眾不同。在一九四六年寫成的〈我為何寫作〉（Why I Write）一文是他對自己寫作生涯的答辯，其中就有一段十分有趣的論述，是歐威爾認為自己正年輕時的抱負：

因此要說起當時我稱自己想要寫書，想寫的是哪一種書便昭然若揭了。我

想要寫豐富自然的小說，還要有不美滿的結局，充滿了翔實的描寫及迷人的比喻，同時還要塞滿華麗的辭藻，其中使用的字詞一部分只是為了其聲音。

而且他隨即表示，《緬甸歲月》（「是我在三十歲時寫的，不過更早之前便開始構思」）正是這一種書，正如他後來也坦承，這本小說真正的主題是當地的風景，那裡的光線流瀉而下就像「閃耀的白油」，營火的火花跳躍著「像是紅色冬青」，而在水上移動的輕舟「彷彿一彎長針在織品上來去穿梭」。並不是說這本小說未聚焦在政治上，在小說中漫遊的人們處在這樣壓迫的政權下，顯然既非受益者亦非受害者，在弗洛里和脾氣溫和的維拉斯瓦米醫師（他也不諱言自己支持英國政府）兩人苦澀的對話中，只須閱讀一、兩段就能理解他對於這種意識形態真正的感想；英屬緬甸就像潛伏在暗處的幽靈，再加上其中臀背傷痕累累的囚犯與揮之不去的細部描寫，但是這些在弗洛里本身的被害者心態，以及待在這陌生土地上與世隔絕的心情當中，只是其中一個因素。在某些方面看來，他臉上那塊猙獰的紫色胎記以及缺錢的現實，在相當程度上就和他的工作所要維護的殖民體

系同樣令他不滿，而當貴族軍官維洛爾中尉（Lieutenant Verrall）有可能取代他而贏得伊莉莎白的芳心時，值得注意的是他立即的反應便是純粹的妒羨。維洛爾健壯的體格、無所畏懼和完全不理會他人對他的想法，顯然就是弗洛里極力想要成為的模樣。

接下來的兩本小說也出現了相同的個人矛盾，默默取代了小說中原有的意識形態核心。如果說《牧師的女兒》基本上就是歐威爾從自己的人生中擷取片段拼湊而成，包括他在索斯沃德的生活、到肯特郡摘採啤酒花以及在倫敦西部的教書生涯，寫成了這本不是很有說服力的故事，那麼這完全就不能說是一本政治作品：唯一不斷積極壓迫著桃樂絲．海爾的力量是她如暴君般的父親、奈佩丘午茶室裡的八卦，還有這些痛苦在她腦中所造成的扭曲感受。而與桃樂絲不同，《讓葉蘭飛揚》的葛登．寇姆斯達克眼中就有特定的目標，他討厭「窮財神」，猛烈抨擊資本家的暴利作為，而且唾棄雇用他的產業，將他視為「最後搖搖餿水桶才能倒乾淨的殘渣」，不過在他和友善的左傾雜誌編輯雷沃斯頓（Ravelston）的回應與對話中卻沒什麼認同感，總是意圖暴露出馬克思理論中的瑕疵，而不是想為

之增色。到最後，這些抱怨就像砲火轟炸了情感沃土，硝煙升起，剩下的只有一個憤怒而忿恨的年輕人，怨懟著文學編輯不願意刊出他的詩作、女朋友不願意與他同床共枕。有時候你會覺得，葛登真正的敵人是他認為讓他遭遇諸多苦難的命運。

如果說歐威爾早期的小說對政治較沒興趣，而是要誇大描述自己對人類行為的信念，那麼這段期間未公開的文章也並未表達太多他的政治理念。在兩次大戰期間英國生活的情境下，他居然對窗外的世界興趣缺缺，著實令人吃驚。一九三〇年代早期，也就是拉姆齊．麥克唐納（Ramsay MacDonald）組成國民政府期間，當時有三百萬人失業，正是英國政治動盪不安的時候，到處都是不斷攀升的不安、從中歐傳來令人憂心的消息，而且大多數人民都堅信，在一次大戰之前那種對國家篤定的安心感已煙消雲散。對大多數英國人而言，國家在一九三一年秋天決定退出金本位制，代表了國力及國際聲望都逐漸衰退。右翼極端分子積極活動，例如由前工黨首相奧斯沃德．莫斯里爵士（Sir Oswald Mosley）所領導的法西斯「黑衫軍」（Blackshirts），就經常出現在報紙報導上。歐威爾對於自己身邊正

醞釀的政治及經濟情勢，其觀點似乎十分抽離，引人好奇，例如他對於一九三一年秋天重大金融危機的態度，這場危機在六週後達到高潮，讓麥克唐諾及其同盟在選舉二度勝選，並且取得超過五百席的多數，很碰巧的是歐威爾在這段鬥爭的過程中就坐在場邊的位置，這時的他住在倫敦南岸區圖利街（Tooley Street）的旅社，一大早就會到附近的比靈司門（Billingsgate）漁產市場找些臨時工的工作，距離英格蘭銀行（Bank of England）在針線街（Threadneedle Street）上的總部只有幾步之遙，不過歐威爾在日記和信件中都沒有提到從銀行新聞室每日發布的消息，只是曾向友人艾琳諾表示：「我不了解也對政治沒興趣。」

一般認為他第一次認真參與實質政治的經驗是在一九三六年初，他前往經濟困頓的英格蘭北方，這趟旅程中也能察覺這樣的不甚理解，最後催生了一九三七年出版的《通往維根碼頭之路》，書中混合了報導及針砭文章，包覆著橘色書皮由維克多・格蘭茨（Victor Gollancz）創立的左書俱樂部出版，經常有人將之視為作家政治覺察新發現的代表，作家決定要將這塊處境堪憂的地區情形報導出來，目的就是要宣傳金主最近接納的信念，而這名金主也不掩飾自己的政治立場，他

便是格蘭茨，他所出版的黃書皮系列作品是一九三〇年代出版界最為成功的一段故事，雇用的幾名員工與不列顛共產黨（Communist Party of Britain）在倫敦國王街（King Street）的總部都有關係。事實上，歐威爾在一九三六年一月的北方之旅似乎是為了更為無趣的理由，他在一封寫給朋友的信中解釋道：「既然我的書（指《讓葉蘭飛揚》）已經寫完了，我要辭去書店的工作，反正工作一星期只賺一英鎊實在也不值得，而我現在就只有這點錢了，等到我能安排妥當就要到英格蘭北方，試試看在這工業區找點素材能寫本什麼書。」至於為什麼一位手頭拮据又想出書的記者會想要跑到利物浦（Liverpool）、里茲（Leeds）和雪菲爾（Sheffield）等地方的後巷流連，這裡應該特別說明一下，此時的英國相當盛行旅遊文學，通常在構思時也會希望能報導社會境況（但不是每本皆然）。J．B．普列斯里（J. B. Priestley）在一九三四年出版的《英國行旅》（*English Journey*）從此確立這個文學類別，就在歐威爾從倫敦出發的同一時間，阿道斯．赫胥黎也正計畫造訪諾丁漢郡（Nottinghamshire）的採煤場。提起這些並非要質疑歐威爾的動機，或者將他貶低為投機分子或者窮旅人，不過他對於北行的原始動機卻含糊

其詞（「寫本什麼書」），似乎會讓人想詢問這個想法的根據是什麼。

這場旅行本身也是如此，途中歐威爾經常彷彿是將自己當成了人類學家，冒險深入陌生的領域，而不是某個急著想證明自身信念的人，或者更進一步修正自己的假設。當他形容在路上遇到的某個人「在社會主義運動中扮演重要角色」，你會懷疑他對所謂的社會主義運動所知甚少，也不明白在其中扮演重要角色代表了什麼意義。羅伯特．科爾斯（Robert Colls）曾出書討論歐威爾以及所謂的英國人，在這本傑出的著作中他便指出這個階段的歐威爾在他的政治養成中，對工黨的過往一無所知，而他似乎認為社會主義是某種時尚潮流，對於那些他所觀察到的人們，對於致力改善他們生活的機構也毫無興趣，即使是在旅程結束後，他似乎也不知道該如何運用自己收集來的素材，他在一封寫給理查．瑞斯的信中指出：「我還沒決定該怎麼辦。」一直到了一九三六年十月，他結束旅行回來已經過了六個月，可以發現維克多．格蘭茨寫信詢問歐威爾的經紀人，問他的客戶到底打算怎麼辦。經過一番交涉後，這本書成為左書俱樂部的選書，可以保證有亮眼的銷量，不過卻只是更凸顯了書中那種零碎、暫且拼湊而成的寫作品質。

一般會傾向將一九三六年視為歐威爾在文壇地位具有決定性的一年：這一年他開始對政治產生認真研究的興趣、這一年他開始脫離前三本小說中那中自我投射的世界，也是這一年他終於找到了某種情感慰藉。四月時，他從北英格蘭回來後便移居瓦靈頓（Wallington）赫特福德郡中的一處村落，娶了一位名為愛琳·歐修內西（Eileen O’Shaughnessy）的女孩，這位妻子比他小兩歲，兩人初次相遇是他在漢普斯德賣書的時候。一九三〇年代還是男性為尊的時候，從這個角度來看，愛琳是個相對特殊的女子，她受過教育，在牛津大學研究英國文學，接著又在倫敦大學學院拿到碩士學位。雖然愛琳全心全意愛著丈夫，卻也相當清楚丈夫心中最為關心的事情為何，有一次談到愛琳十分敬愛的兄弟勞倫斯（Laurence），她相信只要自己有難，對方一接到消息就會從世界的另一端趕來相助，不過她發現「喬治不會這麼做，對他來說工作比什麼都重要」。但是朋友們發現到她對歐威爾有正面的影響，能夠讓他心情愉快、不再自己鑽牛角尖，也將家中打理得井井有條。歐威爾曾經回想道，那是「適宜的婚姻」，尤其是兩人互相付出，彼此在學識上也有共同的興趣。愛琳聰明、幽默風趣又飽覽群書，對於歐威爾後來創

造出的不同世界有相當深遠的影響，而且還不完全只是間接參與了創作。

如果說《通往維根碼頭之路》中已經隱約描繪出大洋國的景象，應該就是在英國勞動階級人們的家庭生活細節中，例如在《一九八四》中有一段描寫，溫斯頓滿腹愁苦地想著「一座衰敗髒汙的城市，飢餓的人們穿著破鞋，拖著沉重的步伐來來去去，住在十九世紀就留下來的破爛房子裡，永遠聞得到高麗菜和廁所的臭味」，結果卻發現自己的思緒又飄到受人擺布的鄰居身上，想著她家的水管問題，「他彷彿看見了倫敦，是個空曠而破敗、塞滿了百萬個垃圾桶的城市，然後他還看見帕森斯太太，這個滿臉皺紋又頭髮稀疏的女人，無助地修理堵塞的廢水管」。他還從北方帶回了一、兩幅這般破敗城市的景色，而帕森斯太太的磨難呼應著書中一段經常有人提起的段落，歐威爾搭著火車經過維根外圍時，看見一名年輕女性在一棟破房子後面，拿著棍子想挖通鉛製的廢水管，「火車經過時她抬起頭望著，距離我是那麼近，我幾乎能夠看著她的雙眼。她有一張蒼白的圓臉，就是貧民窟女孩臉上常見的那種疲累的神情，明明只有二十五歲，看上去卻有四

十了……就我看見的那一秒鐘，臉上是我所見過最淒涼、最絕望的表情。」

等到這些文字印刷成書的時候，歐威爾已經投入了最後成為他人生中最具決定性的政治事件，也就是西班牙內戰，他加入共和軍的陣營度過六個月的戰爭時光，結果遭到狙擊手一槍射穿了喉嚨（子彈只差幾公釐就會命中頸動脈），在這場由單一主要的意識形態主宰的衝突中，他也親身經歷了一、兩次爭端引起的後果。就像《通往維根碼頭之路》的出版計畫一樣，歐威爾對於自己為何想動身前往西班牙的動機支支吾吾，他在一九三六年最後一週離開英國，在一九三八年出版的《致敬加泰隆尼亞》中給了讀者一個模糊的目的，說自己想寫些報紙文章，不過這只是想淡化自己曾經向友人道別時所留下的證據：他曾向雜誌編輯透露「必須要做些什麼」，也向一名朋友耐心解釋，認為如果每個人都去西班牙殺掉一個法西斯分子，那麼這群人就會所剩無幾；又或者是在他離開前曾短暫拜訪他的出版商，還記得他說：「我想要去西班牙看看內戰的情況……西班牙人都是群好傢伙，可不能讓他們失望了。」而且比起他寄回家的幾封信件中顯露出那種彷彿受到啟發的興奮（他告訴康納利自己看見了「很棒的東西」），或者是內戰結

束後良久他在心中仍不斷回味著自己的經歷，他在書中的描述都太輕描淡寫了。馬爾科．蒙格瑞奇還記得，即使歐威爾臨死之際都還在談論那場戰爭，以及自己在其中扮演的角色。

為什麼西班牙對歐威爾來說如此重要？他於一九三七年初抵達巴塞隆納時描述了當地的狀況，其中便透露出一絲線索，他只待了一個晚上，幾乎就能認定這座城市已經達到真正的社會平等，這裡的中產階級作風低調，而天主教教會的權力似乎也消失了，城內的擦鞋工稱呼自己的客人為Usted（「你」），而非Señor（「先生」）；有一次他想拿小費給操作電梯的服務生，還被旅館經理訓斥一番。「要在西班牙交朋友有多麼容易呀。」他回憶起來仍充滿留戀。幾年後他寫了一首詩，回想自己剛到列寧軍營時一位義大利民兵前來跟他打招呼，詩中集結了西班牙啟發他的種種情緒：慷慨、同情，還有比起國家地位或者階級更為重要的志業，將一切濃縮在一段詩中：

然而我在你臉上所看見的

沒有什麼力量可剝奪
沒有什麼砲火可破除
粉碎了那澄澈的精神

不過還有另外一個線索，就藏在歐威爾待在西班牙這幾個月的政治背景中。基本上，西班牙內戰的進行牽涉到兩個互相連結的層面，一方面看上去是由透過民主選舉而產生的共和政府，以及奉行國家主義的長槍黨之間的國內衝突，但同時這也是一場在國際強權環伺之下進行的代理戰爭，每一方都急切地想確保自己的同盟能夠獲勝登頂。歐威爾最初的計畫是要藉由支持蘇聯的不列顛共產黨幫助，慢慢嶄露頭角，但是他與該黨總書記哈利．波立特（Harry Pollitt）的會面訪談進行得不太順利，結果他帶在身上的介紹信交給了獨立工黨（Independent Labour Party，縮寫ＩＬＰ）在巴塞隆納的代表。在政治學上嚴格說起來，這表示歐威爾的卡片上已經被做了記號。雖然對抗由弗朗哥（Francisco Franco）領軍的國民軍陣營是由「人民陣線」（Popular Front）正式發起的抗爭，應該是已經集結了西班

牙左翼的所有陣營，現實情況卻完全不一樣。在巴塞隆納，歐威爾告知ＩＬＰ代表自己意欲加入某個共和軍陣營，但其實主導行動的卻是傾向無政府主義的組織，例如全國勞工聯盟（National Confederation of Labour，縮寫ＣＮＴ）以及馬克思主義統一工人黨（United Workers Marxist Party，縮寫ＰＯＵＭ）。歐威爾在出發前往韋斯卡前線（Huesca Front）以前曾自願加入ＰＯＵＭ，結果馬上就成為正統左派眼中懷疑的對象，當中的代表就是國際馬克思主義大隊（International Marxist Brigade），而大量蘇聯特務人員也湧入了這個國家。

歐威爾在一九三七年一月抵達列寧軍營的時候，並不知道這些內在的角力鬥爭，他在《致敬加泰隆尼亞》中便表示：

> 我來到西班牙待了一陣子之後，不只是對政治景況並無興趣也一無所知，我知道在打仗，但並不知道是哪種戰爭。若你問我為何要加入民兵，我應該會回答：「為了對抗法西斯主義。」若你問我為何而戰，我應該會回答：「共同的正派作為。」

但是經過六個月，等到他離開西班牙的時候，左翼陣營的鬥爭已經是他帶在身上無法分割的一份傳承。他在春天回到巴塞隆納，發現派系間的紛爭已經蔓延開來，讓國民警衛隊（Civil Guard）和CNT公然在街上鬥毆，他和其他民兵同袍在一家戲院屋頂待了三天，仔細盯著主要通道的動靜，確認是否有暴動的跡象。後來POUM的成員被揭發其實根本是法西斯分子，歐威爾原能夠監看著蘇聯影響力在巴塞隆納的崛起，不過卻在此時被派遣前往亞拉貢前線（Aragon Front），而且又在某日清晨遇上了狙擊手的子彈：他在初夏最後一次回到巴塞隆納，接著和愛琳重逢，發現自己有許多同袍都入了獄，也包括他連上的指揮官喬治・科普（Georges Kopp），而自己和愛琳也遭到通緝。夫妻倆花了幾天躲避當局查緝，以歐威爾來說就是睡在廢棄的建築物裡，最後兩人終於搭上火車越過邊境進入法國。

其他幾位在一九三七年去到西班牙的作家也經歷過類似的處境，美國小說家約翰・多斯・帕索斯（John Dos Passos）雇用了一位西班牙通譯荷西・羅布雷斯（Jose Robles），結果通譯遭到共產黨祕密警察殺害，帕索斯在文章中稱自己：

開始相信，就我看來共產黨基本上就是反對我們的民主，而馬克思主義雖然對於尚未誕生的社會科學來說是相當重要的基礎，但是若將之視為教條就會成為一股反動的力量，阻礙了進步。法西斯主義從裡到外根本就是馬克思主義，當然是更惡劣的阻礙，不過過去常說要提供敵人協助與慰藉，這根本是胡說八道：自由思想根本不可能協助、慰藉法西斯主義……我現在認為，外國的自由派與激進派人士未能在各個階段抗議反擊俄羅斯的脅迫，實在大錯特錯。

歐威爾在一九四二年所寫下的〈回顧西班牙戰爭〉（Looking Back on the Spanish War）是一篇追憶往日的長文，只要讀一下就能發現西班牙對歐威爾造成多麼非凡的影響。就在這裡，是他人生中第一次目睹極權政權的實際運作，不只是致力於肅清敵人（甚至有一張西班牙共產黨的海報上畫著一只靴子踩踏著「不斷抵抗的人們」），更會操弄過往以確保只有他們那個版本的歷史能夠留存下來。正如他後來才知道，在西班牙自己所讀的報紙文章跟已知的事實之間毫無關連，而自己

知道曾英勇作戰的部隊卻被貶斥為懦夫與叛徒；也是在西班牙，他發現了某個現象的第一記警告跡象，這種現象會一直壓迫著他直至臨終，也就是他懷疑所謂客觀事實的概念「漸漸消失世上」，他相信未來的歷史書籍只會反映出偏頗的內容，端看是誰正好坐在權位上。雖然歐威爾還保有部分英國聖公會教堂的習慣，但他並不虔誠，只是也堅信極權主義的崛起與越來越多人不相信來世之說有直接關係，「我們這個時代的主要問題就是對人類不朽性的信念衰退」，他這樣寫道。獨裁者不再害怕上天的審判，或者認為不管在這世界發生了什麼，等他死後就無關緊要了，所以想做什麼就做什麼。

我們應該可以說，西班牙政治化了歐威爾。他就和多斯．帕索斯一樣仍留在左派陣營中，不過會尖銳抨擊左派不願容忍異議的態度以及經常以最終結果來合理化自己的手段。就在第二次世界大戰正醞釀的期間，不管他看向哪裡，總能發現其核心的道德雙重標準所造成的後果：像是編輯和出版商，他相信這些人拒絕出版某些書籍或刊出文章的原因，是其中涉及了一些他們不願談及的真相，像是爭吵衝突的方式，以及本身曾經歷過慘痛派系鬥爭而產生私人過節的仇敵。歐威

爾便和自己的出版商維克多．格蘭茨發生過一場特別激烈的爭吵，格蘭茨在一九三七年時堅持「在目前這個緊要關頭支持蘇聯……具有無比的重要性，只要是有可能被另一邊拿來做文章的言語都不應該說出口」：最後《致敬加泰隆尼亞》一書是由其對手塞柯與沃伯格（Secker & Warburg）出版。一九三七年至三九年間，在歐威爾生活中處處可見對西班牙的回憶，無論是在他評論的書籍中、在他維持的友誼中、在他試圖糾正英國媒體對戰爭的錯誤陳述所寫的報導中，還有比較不開心的是，也在他逐漸崩壞的健康狀況中。他在亞拉貢前線一連好幾個晚上得頂著寒冷天氣負責站哨，讓他原本就虛弱的身體更是每況愈下：他在一九三八年春天病得很嚴重，在療養院中待了將近六個月，又到摩洛哥長住七個月以恢復身體健康。西班牙內戰紛爭結束的四年後，他寫了〈回顧西班牙戰爭〉（Looking Back on the Spanish War），可以說是一種創作的橋接點，一方面回顧了對作者而言有重大影響的情感及政治事件，同時也可前瞻未來《一九八四》所造成的恐懼。

歐威爾十分執著於極權統治者的思考，盤根錯節地深植於他在一九三〇年代

末至一九四〇年代初的生活。我們自然可以在他所閱讀的以及自己寫作的書籍中發現這些根基，不過在他每日閱讀的報紙國際新聞版面上也明顯得十分刺目。尤其在報紙上，他肯定會有興趣想知道大幅報導的一九三八年蘇聯公開審訊鬧劇，結果將這個政權過去的中流砥柱一概處死，包括亨利希．亞果達（Genrikh Yagoda）、亞列克謝．李可夫（Alexei Rykov）以及尼可萊．布哈林（Nikolai Bukharin）等人，《泰晤士報》在莫斯科的特派記者報導：「根據蘇維埃法律，實際犯罪以及想要犯罪的意圖基本上是一樣的……在接下來的審判中，檢方希望能說明被告預謀要犯下某些罪行，只是從來未能實行，因此如果這些罪行真的發生了，被告的刑罰也只會比現在再重一點。」也是在一九三八年，歐威爾讀了尤金．里昂（Eugene Lyon）的回憶錄《烏托邦任務》（*Assignment in Utopia*），里昂在一九二八年至一九三四年間是合眾國際社（United Press Agency）派駐在莫斯科的記者，其中的報導指證歷歷，敘述在這個世界裡每棟公寓中都掛著領袖的畫像、孩童譴責父母為叛徒，甚至做了某個不恰當的手勢都可能遭到逮捕入獄。

不過這一切都沒有說明，歐威爾對於當時正萌芽的反烏托邦文學類型漸生興

趣，這類小說的背景設定在想像中的理想國度，其中有某件事出了極大差錯，通常會藉此放大故事中這個世界的政治傾向。例如，歐威爾非常有可能讀過莫瑞・康斯坦汀（Murray Constantine）*4在一九三七年出版的《千秋萬世之夜》（*Swastika Night*），這本書由格蘭茨出版，而且跟《通往維根碼頭之路》同樣都入選了左書俱樂部，小說中想像出一個已經遭到納粹暴政統治了七百年的未來世界，德國及日本帝國之間不斷為了彼此所擁有的殖民地爭吵。在《一九八四》中出現了幾處詭異的小小預示，讓書中抱持不同信念的主角發現在過去還存在著「記憶」和「社會主義」這類東西，乃至於妖魔化了四名「主要仇敵」（其中包括了列寧和史達林），這股仇恨或許有可能在內黨處置艾曼紐・葛斯登之前就開始了。這些敘述並不能證明歐威爾真的讀過《千秋萬世之夜》，不過他如此熱切尋求並讓眾人注意到反烏托邦小說，還認為這與當代的政治體系有關，這一點算

---

4 譯注：此為當時英國女作家凱瑟琳・伯德金（Katherine Burdekin）的筆名。

是相當有利的證據。

在這一連串影響《一九八四》寫成的力量中，最重要的一股影響力是歐威爾在一九四〇年七月法國淪陷後不久，為《時代與潮流》（*Time and Tide*）週刊所寫的一篇綜合評述，他坐下來撰寫這篇文章時必定已經明白，或許納粹很快就會入侵英國了。他選擇闡釋評論的四本書分別是傑克・倫敦（Jack London）的《鐵蹄》（*The Iron Heel*）、H・G・威爾斯的《當沉睡者醒來》、阿道斯・赫胥黎的《美麗新世界》以及厄尼斯特・布拉瑪（Ernest Bramah）的《聯盟的祕密》（*The Secret of the League*），每本書都設定在反烏托邦世界，每本書都與後來《一九八四》的成書有間接連結。這篇文章的重要之處在於歐威爾如何分析各書中呈現的這四個不同世界，以及他如何試圖建立這些世界的真實性。根據文章中的評論，《鐵蹄》書中描述的一群強盜貴族背後有稱為「傭兵」的私人軍隊撐腰，試圖奪取統治美國的權力，這本書並非預言了法西斯主義，而「只是一個資本家壓榨人民的故事」，同時他清楚表明了倫敦與威爾斯兩位作家的差異：「因為倫敦一貫擅長描寫野性的自然故事，他能夠捕捉到某種威爾斯顯然辦不到的，那就是享樂

主義的社會無法長久。」

他還是認為《當沉睡者醒來》描述的景象是一個華麗而邪惡的世界，不斷奴役著勞動的人力，這樣的社會規劃擺明了是要讓軟弱而毫無道德觀念的上流階級能自娛。《美麗新世界》寫成的時間晚了四分之一世紀，描繪出富麗堂皇的建築及時時追求感官滿足的人們，就像是嘲弄著這些政治規劃，在這裡「整個世界都變成了一座度假海灘酒店」。歐威爾急忙解釋，這或許是對一九三〇年代上流資產階級的高明嘲諷，但這並非預言。

這樣的世界根本不可能傳承過多少世代，若統治階級總是只想著所謂的「好日子」，很快就會失去其活力，統治階級必須有嚴格的道德觀，本身就有將近宗教信仰般的信念，有神祕感。

傑克・倫敦筆下那些奪取土地的富豪或許是暴君、是壞蛋，卻不是什麼喜好淫樂、好逸惡勞者，他們能夠維持自己的地位是因為確實相信文明就靠他們維繫。

同樣地，九年後在《一九八四》當中那些忠誠的老黨員也是如此，內黨黨員所犯的每條罪都是必須的，當然他們未必認為自己的行為是犯法，畢竟若是沒有他們、沒有他們決斷干預，這個世界馬上就會天翻地覆。

這一切代表歐威爾對於極權統治者心態的理解跨出重要的一步，尤其是其中神祕而近乎虔誠的根柢，不只是因為在二十世紀中期人們遠離上帝，所以創造出大量一時失去宗教信仰心靈依靠的群眾，同時也為營造這股氛圍提供了關鍵素材，讓極權社會得以扎根繁盛。一九四〇年的長篇散文〈在鯨內〉（Inside the Whale）副標題為「作家及利維坦巨獸」（Writers and Leviathan），便採用了這個主題：歐威爾認為，西方世界正逐步邁入「極權獨裁」的時代，此時的思想自由一開始會成為「死罪」，到最後不過就只是「毫無意義的抽象概念」。後來他在評論馬爾科．蒙格瑞奇所著的《三〇年代》（*The Thirties*）時，便將天主教會主導控制思想的過程與極權國家造成的破壞相比較，認為當超自然力量的禁制手段已經不管用了，人們就得到授權恣意妄為，而不必害怕受到懲罰。很有可能在未來會出現一個世俗版本的西班牙宗教法庭，透過廣播傳播及祕密警察的監視而更

有權力。

至於這一切會讓英國變成什麼樣子，在戰爭的第一年，也就是一九四一年歐威爾以小冊子形式出版長篇文章〈獅子與獨角獸：社會主義與英國精神〉（The Lion and the Unicorn: Socialism and the English Genius），文中相對就比較樂觀，歐威爾認為只有社會主義國家才能在戰爭中發揮效用，要將英國變成如此、建立民主化機構、拆毀特權的堡壘，並且扶植更為平等的社會，歐威爾打了個比方，就是要向坐在勞斯萊斯車裡的老女士道別，英國或許就能夠完成歐洲其他國家尚未能夠達成的艱難任務：將經濟集中化，同時保證人民的自由。於此同時，不管怎麼看，在歐威爾生活中的一草一木都逐漸累積起來，成為《一九八四》賴以發展的背景細節。愛琳戰時的第一份工作就在白廳（Whitehall）的審查部（Censorship Department），她和同事評估有哪些本土的報紙與雜誌適合出口，並且針對中立國家的記者撰寫含有敏感內容的故事時發出「停止」通知以禁止報導。自然，從納粹占領的歐洲地區所發出的新聞都會不斷提醒著讀者，所謂的客觀事實似乎已經漸漸消失於世，例如寫於一九四二年六月的一篇日記就指出：

德國透過無線電宣布，捷克村莊利迪策（Lidice）的居民（約有一千兩百人）涉嫌窩藏刺殺海德里希（Reinhard Heydrich）的刺客，因此射殺了村中所有男性，所有女性皆被送往集中營，所有孩童則送去接受「再教育」，夷平了整個村落並改換名稱。

歐威爾總結道，戰時暴行的「信與不信，端看一個人的政治傾向，完全不管事實真相，而且政治境況一有變化，人們也完全願意馬上改變自己所相信的」。其他能預先看出寫作方向的徵兆則來自比較親近的地方，這個階段的歐威爾落腳於朗格孚院（Langford Court），這處住宅區位於倫敦西北部聖約翰伍德（St John’s Wood）的艾比路（Abbey Road）上，就跟溫斯頓・史密斯一樣，這對夫妻住在八樓只有一間臥房的公寓裡，窗外望出去就能看見倫敦中部，將位於倫敦大學議會大樓的情報部總部盡收眼底，這是一棟占地廣闊、氣勢逼人的摩天大廈，從頂層就能俯瞰飽受戰火摧殘的城市，早晨的陽光也將這裡數不清的窗戶照得耀眼奪目。這棟大樓的電報地址是**情部**（miniform，就好像新語中將真相部稱為**真部**），

情報部部長是首相邱吉爾（Winston Churchill）的門生布倫丹・布拉肯（Brendan Bracken），下屬都稱他為「ＢＢ」。

然後還有歐威爾在一九四一年中至一九四三年末的工作，他為英國廣播公司（British Broadcasting Corporation，縮寫ＢＢＣ）東方服務的印度區擔任製作人，負責撰稿並錄製節目給東南亞的英語觀眾收聽。歐威爾幾乎從一開始就認為自己在ＢＢＣ的工作無甚價值，在此工作六個月之後，他認為這裡的氣氛「大概介於女校和瘋人院之間」，而且「我們目前所做的一切都沒什麼用處，或者比無甚用處還更糟一點」，之後他也稱這段經歷是「浪費了兩年」。不過不管他對ＢＢＣ的職場規矩有多大的挫折感及不喜歡，這裡狹窄的內部空間、過分吹毛求疵的日常慣例似乎卻慢慢在他心裡留下印象。他的工作有一項任務是撰寫該區每週的廣播新聞稿，報告戰爭的最新進展；六年後，溫斯頓會在腦海中看見一幅戰爭地圖，箭矢橫掃過整個印度，代表歐亞國軍隊遭到擊敗。而且歐威爾的工作基本上就是政治宣傳，只是就像他曾經說過的：「雖然我在這裡認為自己讓我們的政治宣傳看起來沒有其他人會做的那般噁心……若是要接納這份工作，就得像我這樣

經常接觸軸心國與同盟國的政治宣傳，若不是真的碰到了，你根本不會知道空氣裡彌漫著什麼爛渣與髒汙。」

他在BBC的工作地點位於牛津街二〇〇號，那裡有一排排如牢籠般的辦公室以及簡陋的食堂，看起來似乎也為溫斯頓每日在真相部的日常工作增添細節，而BBC在波特蘭坊（Portland Place）的總部裡有一間房間，東方服務部在這裡召開編輯會議，房間編號就是一〇一。一位與歐威爾最親近的同事是文學評論威廉・艾普森（William Empson），他非常熱切支持由英國語言學家C・K・歐格登教授（Professor C. K. Ogden）首先提出的「基礎英文」技巧，因此很有可能，《一九八四》中對新語狂熱不已的塞姆原型人物就是他。在歐威爾剛到職的那段時間，日記裡就透露了線索：

在BBC唯一能夠聽到有人唱歌的時候是一大早六點至八點，這是那些清潔女工上工的時間，她們一大隊人馬都在同一時間抵達，坐在接待大廳裡等著拿到自己的掃把，嘰嘰喳喳的噪音就像鸚鵡鳥舍一樣，接著她們會唱起美

妙的和聲，一邊掃著走廊一邊同聲唱歌。這個地方在此刻的氣氛比起每天稍晚其他時候大不相同。

有幾位評論認為這就是溫斯頓和茱莉亞待在查靈頓先生店鋪樓上房裡時，偷聽到那個貧民窟婦女唱歌的參考來源，書中那個婦女一邊將洗好的衣物掛上晒衣繩夾好，一邊唱著當時的流行歌，那個女人踩著腳步「來來回回走著，一點也不嫌累，嘴裡的晒衣夾塞了又拿、塞了又拿，一下唱歌一下安靜，不停把尿布夾到晒衣繩上，一件、一件、又一件」，她一直沒有姓名，不過在《一九八四》中所扮演的角色卻極富象徵意義。溫斯頓看著她毫無怨言地進行自己的工作，心中湧現一股「不明所以的仰慕之情」，似乎與他正讚嘆的她頭頂那一整片淡藍無雲的天空混雜在一起了。

想起來也很有趣，其實每個人看到的天空都是同一片，不管身在歐亞國、東亞國，還是大洋國都一樣，而所有生活在這片天空下的人其實也差不多一

> 樣，不管在哪個地方，全球幾十億人口都是這樣，不知道別人的存在，人與人之間隔著一道憎恨和謊言築成的牆，但每個人幾乎一模一樣，從來沒有學習如何思考，但在心裡、身體裡、每一吋肌肉裡都蘊藏著力量，總有一天會讓世界天翻地覆。

若是還有希望，溫斯頓認為希望就在這些無產階級身上，他甚至還沒看到《寡頭集產政治主義的理論與實踐》*[5]（*The Theory and Practice of Oligarchical Collectivism*）的最後一頁，便直覺認知到這必定是葛斯登最後想說的話。

這一些影響互相疊加，到了一九四三年秋天，戰爭已經進入第五年，英美聯軍正在倫敦周圍各郡集結，準備在納粹占領的法國部署第二前線，而《一九八四》逐漸成形所需要的大部分材料已經存在於歐威爾的想像力中，就只差一點火花便能熊熊燃燒。

5 譯注：《一九八四》中由英社黨認定的敵人葛斯登所撰寫的禁書。

Part 2

成書期間

（一九四三－一九四九）

4 且停且走的寫作

在歐威爾的小說當中，至少有三本能夠回溯出啟發了成書概念的特定景象或思考過程。在《動物農莊》中，是歐威爾看見一名小男孩趕著一匹高大的挽馬*[6]走在鄉間小路上，他便想若是動物世界群起對抗壓榨牠們的人類會發生什麼事；《讓葉蘭飛揚》的概念看起來似乎是在一九三四年聖安德魯日（十一月三十日）那一刻成型，那時歐威爾從自己工作的漢普斯德書店窗戶往外看，發現腦中慢慢

6 譯注：依馬的用途來分類，挽馬為運送物資的馬。

浮現一段詩句（「冷冽的寒風颳得尖刺／剛禿枝的白楊擺彎枝幹」），而小說開頭的章節便描述了這首詩的寫作過程；另外，《一九八四》則是由一件十分重大的政治事件所推動：一九四三年十一月二十八日至十二月一日的德黑蘭會議（Tehran Conference），眼看第二次世界大戰即將結束，同盟國的領袖包括美國羅斯福總統、蘇聯的史達林以及英國邱吉爾首相一同坐下商討，希望能夠規劃出戰後的世界。「我一開始是在一九四三年想到的。」將近五年後，歐威爾如此跟他的出版商弗瑞德．沃伯格說道，不過他後來又發了訊息給沃伯格的同事羅傑．森豪斯（Roger Senhouse）表示，應該是在這事件發生後稍晚一點，這本小說的種子才開始在歐威爾腦中生根，他先是抱怨了森豪斯設計了包上書衣的宣傳手冊，文案聽起來很像是混合了愛情故事的驚悚小說，歐威爾堅持「這本書真正想要表達的是討論，將世界分割成「勢力範圍」代表什麼意涵（德黑蘭會議後就造成了這個結果，我在一九四四年想起這點），同時還要用極權主義的理性意涵來諷刺，才能表明這個論點」。

同盟國的領袖被稱為「三巨頭」，若說他們爭奪區域主導權的景象給了歐威

爾創作所需的靈感助力，那麼《一九八四》大部分的背景設定很有可能已經在他腦中醞釀好幾年了。在倫敦大學學院的歐威爾館藏中有許多相當吸引人的物件，其中一項是一本筆記本，當中包含了兩本小說寫作計畫的筆記，一本叫做「速度與死亡」（The Quick and the Dead），另一本則是「歐洲的最後一人」（The Last Man in Europe）。第一部分的潦草筆記是回顧了歐威爾的童年世界，其中有提到在一次大戰最後一年的查令十字車站（Charing Cross Station），還有一匹瀕死的馬在「一九一八年待在避難所」，也列出一些老掉牙的歌謠、「童年謬論」還有民間俗語；不過「歐洲的最後一人」（至少一直到一九四八年底，這都是《一九八四》寫作時的書名）則馬上就能辨認出來，例如在「待寫入」這個標題底下，歐威爾提醒自己要寫進「新語」、「無產階級的地位」、「度量衡等單位的比較」、「貝克主義與英社黨」、「黨的口號（戰爭即和平、無知即力量、自由即奴役）」，還有「兩分鐘憎恨時間」。

在這底下還寫著一長條筆記，標題為「大略結構如下」，這部分包括「建立社會所依賴的組織系統」、「達成此舉的辦法（偽造紀錄等等）」、「因客觀事

實消失而造成夢魘般的感覺」、「領袖崇拜等等」，以及「寫作者的孤獨感，感覺自己是最後一人」、「與Y的戀情做為短暫插曲」，還有「逮捕與刑求」；另外也有提到藉由下列問題製造出「如夢似幻的效果」，例如：「我們一九七四年時在跟東亞國打仗嗎？一九七八年在跟東亞國打仗嗎？一九七六年祕密會議中，A、B和C也在場嗎？」以及藉由下列現象製造出「謊言與憎恨的效果」：「影片。從反猶太政治宣傳中擷取片段。廣播。」還有「兩分鐘憎恨時間。敵人的政治宣傳以及寫作者對此的反應。」最後一部分則是列出各種字詞，標題為「形容詞」、「形容詞與名詞」、「譬喻」、「譬喻用的字詞」、「贅字詞」，還有「過時的口號與老套的詞語」，看起來似乎是要測試新語所造成的混淆，最後則以一組詞彙作結，這些詞彙真正的定義跟原始定義恰恰相反（「人民的民主……一黨獨裁體制。原則上接受……拒絕」等等）。

這些筆記本是什麼時候開始累積的？非常有可能其中有些材料可以追溯至戰爭前期，因為有一份一九四〇年四月的自傳性記敘中表明，歐威爾「正在籌備一本分成三部分的長篇小說，可能會取名『獅子與獨角獸』或者『速度與死

亡』」，而這些筆記的完成也不可能晚於一九四四年一月，因為歐威爾在《論壇報》（*Tribune*）上發表的一篇文章中曾提到「童年謬論」這個清單（「說狗能準確判斷品格／說蛇會叮人」等等），說這些都「寫在筆記本裡」。「新語」最後這一部分是用藍黑色的伯羅牌原子筆（Biro）寫成，這種書寫工具在英國一直要到戰後才有販售，而歐威爾是在一九四六年二月第一次訂購。顯然前兩個部分是在這之前就完成了，但是早了多久？寫下這些筆記是他一九四三年秋天準備離開BBC時對未來規劃的大綱嗎？還是我們知道他在九月曾經度過的兩週假期期間？或者，這些筆記只是把現有的素材整理得漂亮一些，因為歐威爾如今已經決定要梳理出連貫的順序？確實，這些筆記的字跡相當整齊，並未出現刪除或重複的痕跡，以文學作品的初稿而言，看起來更像是大綱而不是一連串隨意寫下的紀錄。這些說法都不是一定的結論，不過看起來到了一九四三年秋天，歐威爾已經依據這些素材沉思許久，或許有三、四年了，他終於對將來會成為《一九八四》的這本書有了大致規劃，而德黑蘭會議則是決定性的一擊，讓他意識到是時候了。

無論歐威爾為了「歐洲的最後一人」是什麼時候開始寫筆記，無論這個核心概念占據他的思緒有多久，到了一九四四年春天，我們可以發現他的心裡已經開始著重於思考他認為極權國家會具備的絕對特色，例如在二月初，他開始為左翼週刊《論壇報》撰文，他的專欄「隨我的意」（As I Please）中便提出，極權主義最可怕的特質不只是煽動暴行，還會試圖控制「客觀事實的概念」，因此不只能操控過去，也掌握未來。幾週後，他在《觀察家報》上發表自己對F．A．海耶克（F. A. Hayek）著作《通往農奴制之路》（*The Road to Serfdom*）的評論，很快就成為戰後右派學說中的重要文本。雖然歐威爾一點也不認同海耶克為自由市場的辯護之詞（「他並未看見，或者不願意承認，所謂回歸『自由』競爭對絕大多數人是什麼意思，如此的暴政或許……比國家暴政還要糟。」），卻害怕其核心議題或許有很大一部分屬實，也就是集體主義基本上並不民主：「若要將生活中的一切都交由國家掌控，社會主義就必須將權力交付給一小圈內部官僚，而這些人幾乎每一次都會為了權力而爭鬥，為了保有權力而不顧一切。」

值得注意的是，這些擔憂很快就顯現在他與讀者私下的信件往來中，有些讀

者會寫信回應他在報紙上的專欄，或想聽聽他對戰後世界可能的樣貌有什麼觀點。一九四四年五月，就在英國及美國軍隊登陸諾曼第海岸的三週前，他寫了一封長信給一位在其他地方並未提及的諾威爾．威爾麥特先生（Noel Willmett），預言說雖然「希特勒無疑很快就會消失」，但是推翻他也需要付出代價，可能會強化「（a）史達林、（b）英美的百萬富翁，還有（c）各個芝麻綠豆小國家的元首」，世界各地的「運動」似乎都朝著集中化經濟的方向發展，或許能夠帶來經濟學上所謂的商品，不過在過程中卻不會考慮到民主化的責任。

如此一來便產生了恐怖的情感性國家主義，也很容易就不再相信客觀事實的存在，因為所有事實都必須符合某個永遠不會犯錯的領袖所說的話及預言。就某個方面來說，歷史已經不復存在，也就是說屬於我們這個時刻的歷史已經不是每人都能普遍接受，而一旦軍事需要已經無法讓人們保持秩序，精確的科學也就有危險了。

這是私人信件，寫在作戰日的一個月前，距離第二次世界大戰終於結束還有將近一年，不過老大哥、兩分鐘憎恨時間以及真相部的陰影已經從四面八方籠罩下來。

接著在一九四四年夏天，歐威爾的構思思緒又有了波動。在八月底，歐威爾參加了一場研討會，主辦單位是國際作家組成的協會筆會（PEN），他在此聆聽牛津生物學家約翰·貝克（John R. Baker）的演講，對此大感欽佩。乍看之下，貝克似乎不像是歐威爾會欽慕的對象，他是一名心態保守的社會科學家，積極參與科學自由學會（Society for Freedom in Science），後來撰寫了一本與種族相關的書，引起極大反彈，他相信自己的學說在對抗主張平等主義的左派抗爭運動中可以成為有用的武器。儘管如此，歐威爾在一九四五年十月一場座談會的評論中對他讚譽有加，隔年春天某時也讀了他的著作《科學與計畫國家》（*Science and the Planned State*），似乎還試圖招攬他加入自己的籌畫，組成一心捍衛個人自由的倡議團體。還有一封從一九四六年四月留存至今的信件是寫給猶太裔作家亞瑟·庫斯勒（Arthur Koestler），其中歐威爾認為若是需要知道「並未抱持極權主義心態

的」科學家資訊，貝克或許「會有用處」。

我們並不知道歐威爾在筆會的研討會上是否有接觸貝克，不過他顯然去聽了貝克的演講，從中發展出《科學與計畫國家》中一個關鍵論點：科學研究在官僚主義的統治下就無法蓬勃發展，尤其是因為研究成果或許會削弱官僚體制的意識形態地位，貝克堅持道國家的干預會阻礙科學的自由（「今日科學家最為基本的自由將遭到研究主題可能會出現的某位核心規劃者威脅。」）。他特別討厭的傢伙就是蘇聯科學家特羅菲姆．丹尼索維奇．萊申科（Trofim Denisovich Lysenko），萊申科是蘇聯農業科學院（Soviet Academy of Agricultural Science）的院長，他拒絕承認西方科學家在基因學領域的發現，並以自己的職權要求蘇聯的研究學者遵照他的信念。萊申科反對孟德爾的學說，認為根本沒有「基因」這種東西，他也拒絕接受達爾文的天擇說，他對蘇聯科學界的影響力讓蘇聯科學家束手無策，如此延續了二十多年。由於受到史達林及蘇聯高層的熱情賞識，在一九四八年宣示他的觀點是「唯一正確的理論」，並且在報紙上將他的對手蔑稱為「資產階級」與「法西斯分子」，當時處決了十幾名蘇聯科學家，另外有上千人入獄，間接都

與他有關。「萊申科主義」在東歐科學界中一直是一股強大的力量，至少一直到一九五〇年代末才消退。貝克結論道，萊申科的崛起而掌權正巧「生動描繪出科學在極權政權下會如何劣化」。

歐威爾不斷沉迷於思考萊申科的案例以及對學術研究的意涵，他在一九四七年三月寫信給植物學家西里爾．達林頓（Cyril Darlington），兩人從歐威爾在BBC擔任節目製作人時便認識，信中提到「我是在一九四四年的筆會研討會上聽約翰．貝克的演講才第一次聽說……我當時就認為貝克說的故事是真的，很希望能得到證實」，歐威爾承認自己並非科學家，不過蘇聯對科學家的迫害以及偽造證據，似乎在他們攻擊作家和歷史學家之後也是自然而然發生的事。歐威爾對於蘇聯科學界能夠維持這樣的不一致相當感興趣，幾乎到了他臨死那個月都是如此，而他最後一本文學筆記本中夾著一份報導，是從一九四九年十二月的報紙剪下來的，內容引述萊申科的話堅持認為「小麥可以變成大麥」。一九四四年八月，歐威爾發現自己正坐在貝克演講臺下的觀眾席中，對他顯然是一個關鍵的時刻，其中最重要的是或許能夠解釋在「歐洲的最後一人」大綱中原本相當神祕提

及關於「貝克主義與英社黨的騙局」。「英社黨」是截字縮寫自「英國社會主義」，這是大洋國的意識形態教條，不過「貝克主義」看起來似乎能夠回溯至約翰．貝克。就在否認現實的蘇聯農業科學院中，《一九八四》的另一塊拼圖又巧妙嵌入到位了。

現在是一九四四年初秋，歐威爾有了構思的靈感、主題，還有不斷積累的證據能夠據以闡述，是什麼讓他還不開始寫作呢？關於《一九八四》一書的孕育成形，最明顯的一個問題就是：為什麼要等這麼久？戰前的歐威爾一直都以寫作流暢而著稱，在他一九三二至三九年間寫作的書籍中，大部分都花不到一年時間，《牧師的女兒》是他待在索斯沃德父母家期間寫的，花了六個月再多一點時間；《動物農莊》雖說只有一百二十頁，不過從情節以及與書中仿照的歷史事件對比來看也相當棘手，還只花了三個月。跟這些高速衝往終點線的作品比較起來，《一九八四》像是一場馬拉松：到一九四五年底只寫了幾頁，一直到一九四七年十一月才完成第一份初稿，而第二份初稿更是等到了一九四八年十二月才告完工，最後一九四九年六月終於敲定出版。打從歐威爾在報紙上讀到羅斯福、邱吉

爾和史達林在德黑蘭聚會密謀的報導那一刻起，整整過了五年半。發生了什麼事？

答案中混合了個人及工作因素，歐威爾在一九四〇年代中期的生活中散落著一連串障礙，讓這位曾經相當多產的作家無法撰寫這本他熱切地想完成的作品。最為直接的問題就是《動物農莊》的前景，這本書於一九四四年初春完成，但是因為主題的爭議性十分高，差一點就出版不了，就連歐威爾可能也曾坦承說出書的時間實在不幸，這麼說還算是輕描淡寫了。畢竟這本書是一本諷刺幻想小說，主題正是一九一七年俄國革命中一群腐敗而獨裁的領袖發起背叛，完成的時間正好就在英國與美國英勇的蘇聯盟軍正準備進攻柏林的時候。歐威爾的小說仍然跟維克多．格蘭茨有合約，不過格蘭茨在看過書稿之後卻無法同意出版，尼可森與華森出版公司（Nicholson & Watson）也說了一樣的話，而第三家出版社強納森凱普（Jonathan Cape）則遇見一位情報部官員給予建議，希望說服他們拒絕出版（後來發現這名官員是共產黨間諜），原因是全書的根基就是明目張膽反對蘇聯，實在令人無法接受。一九四四年整個夏天，這本小說的命運仍在未定之天，

歐威爾一度絕望無比，準備要以小冊子的形式自己出版，一直到了初秋，塞柯與沃伯格才同意出版。即使如此，因為紙張短缺，這本書還是拖延到了一九四五年夏天才上市。

塞柯決定簽下這本小說，讓歐威爾與弗瑞德・沃伯格再次聚首，沃伯格在一九三八年出版了《致敬加泰隆尼亞》，三年後也贊助了小冊子開本的《獅子與獨角獸》發行。沃伯格是美國金融界大亨菲利克斯（Felix M. Warburg）與保羅（Paul M. Warburg）的遠親，他在一九三六年以幾千英鎊買下了馬汀・塞柯（Martin Secker）正在垂死掙扎的出版公司，加上了自己的名字並且出版法國作家嘉布瑞・謝瓦里爾（Gabriel Chevallier）的小說《柯洛雪梅爾》（*Clochemerle*，一九三七年出版）英譯版，成功賺進第一桶金。只是不管沃伯格的書單有多麼時髦又有話題性，塞柯仍然只是一家小出版社，財務狀況岌岌可危，而願意讓他們出版自己的書，歐威爾也是在冒險。可喜的是，對他和沃伯格而言，這把賭對了，《動物農莊》相當成功，出版之後在六週內就賣出四千五百本，還在十月預訂了再刷一萬本，就連女王自己都要求想買一本，而王室的信使發現倫敦各大賣場都

已經售罄，只得致電給歐威爾的朋友喬治·伍德考克（George Woodcock）所經營的無政府主義書店。

但是在小說大賣的同時，作家的個人生活則是在戰時倫敦的一片混亂中掙扎，很大程度上也減弱了這份成功的喜悅。在一九四四年中，歐威爾一家搬遷到了伊斯林頓，因為一顆炸彈落到了他們先前在基爾伯恩（Kilburn）的住家附近。這時歐威爾和妻子愛琳已經結婚八年，歐威爾總是認為兩人之所以生不出孩子，是因為他相信自己「無生育能力」，不過比較可能的解釋是後來發現愛琳的健康狀況越來越差。戰爭期間她大部分時候都在生病，病況時好時壞：朋友注意到她的疲累以及總是陷入倦怠中。一九四四年夏天，因為愛琳的嫂嫂在新堡地區是執業的醫師，在她的幫助之下，夫妻倆決定領養一個孩子。這個寶寶後來受洗的名字是理查·何瑞修·布萊爾（Richard Horatio Blair），在一九四四年五月十四日出生，來到了伊斯林頓的小公寓中。「如今的人生相當圓滿了。」歐威爾這樣告訴朋友瑞納·赫本斯托（Rayner Heppenstall）。雖然孩子讓愛琳欣喜不已，很願意放棄自己的戰時工作全心全意投入自己的新角色（她「想要再活一次」，她的丈

夫解釋道），可是身體仍然不適，經過醫院檢查發現子宮長了腫瘤。愛琳於一九四五年三月入院，據說是「按慣例」進行手術割除，卻在手術檯上心臟衰竭而死亡。

歐威爾當時短暫受雇於《觀察家報》，在遭到納粹占領的歐洲擔任駐外記者，愛琳的死讓他受到莫大的打擊。許多作家落在他這樣的處境，健康欠佳、記錄靈感的筆記本已經鼓到快爆炸了，大概都會放棄自己成為父母的夢想，不過歐威爾卻決心要完善執行自己扶養孩子的計畫，他雇用了一名保母，自己也積極參與理查日常生活的例行活動。只是愛琳的死仍然讓他哀痛不已，這件事所造成的結果便是在一九四五年至四六年的冬天，歐威爾養成了向人求婚的習慣，可以說只要遇到隨便哪個稍微符合一點資格的女性，他便當場脫口而出也毫無熱情；有位女孩跟他住在同一區的公寓，幾乎不認識他，卻意外收到邀請跟他一起喝茶，然後就被困在沙發上聽他問出：「妳想妳可以照顧我嗎？」這些求婚最後都石沉大海，女孩們再怎麼同情他，通常都不願意跟他共譜戀情，不過她們加深了朋友對歐威爾的印象，在愛琳過世後，他們經常覺得他鬱鬱寡歡，人生已經渺無希望

而無法挽回。

喪妻、筋疲力盡、心緒焦慮的歐威爾實在沒有辦法開始寫新書。另外一方面，雖然歐威爾並未公開坦承這件事，但是他真的很想要跟朋友討論這本書的主題。許多到佳能伯里廣場（Canonbury Square）拜訪他的朋友都聽過他滔滔不絕談論著戰後世界的狀態，後來他們都能夠認出自己原來是聽見了《一九八四》仍在胚胎中的版本；喬治・伍德考克認為兩人坐在茶桌前的長談中，讓他在看見這本書付印出版的好幾年前就聽過其中的所有基本概念。歐威爾在一九四五年夏天開始匆匆寫了短暫時間，這段書稿很快就被放棄了（塞柯與沃伯格有一份內部的備忘錄，日期是一九四五年六月二十五日，說明「喬治・歐威爾已經寫了小說的前十二頁，不過他當然表示自己不知道什麼時候會寫好」），《一九八四》初稿的開頭幾段或許是在這個時候草擬的，描述溫斯頓・史密斯打算回到勝利大廈的這段路程，他在這裡遇見一名上了年紀的門房，「臉色灰白而滿布皺紋」，告訴他「電梯不能用了」。這段文字在最後的版本中幾乎沒什麼修改。

同時還有另一項因素可能也阻撓了作家想進行任何文學創作的意圖，那就是

歐威爾從一九四六年初便患上重病，是理查的保母蘇珊・華森（Susan Watson）發現的，她當時正在伊斯林頓公寓的廚房努力工作，卻聽見屋裡某處不斷傳來聲響，結果她發現是她的雇主正一跛一跛從走廊上走來，嘴裡冒著血，接下來發生的事情相當詭異地清楚說明了歐威爾有多麼投入自己的工作。蘇珊馬上聽從指令從冰箱拿來了一壺冰水和一塊冰塊，在她看來，他顯然飽受肺結核的出血之苦，但若是承認自己得了肺結核就代表他得馬上住院，結果等到醫生抵達時，歐威爾已經止住了出血，把自己藏在床單底下還明目張膽說謊，結果得以過關，讓自己的病看起來像是發作得很嚴重的胃炎。接下來兩週他都待在床上，向朋友假裝說自己飽受嚴重的胃部不適所苦，「生了這種病也挺不舒服的，但我似乎已經好轉，今天終於第一次能起身了」，他這樣告訴某個自己大概一個月前才求婚過的女孩。

這一切讓《一九八四》的早期寫作階段都處在一個令人無法忽略的情境中，可以說寫出這本小說的人經過數年的過勞、疾病，再加上妻子過世帶來嚴重的打擊，都大大摧殘了他的身體。在此同時，歐威爾也開始採取行動，要讓自己脫離

已歷經太多戰爭的環境。最早在一九四四年九月，他第一次造訪朱拉島（Jura），這座屬於內赫布里迪群島（Inner Hebridean）的島嶼將會成為自己下半輩子度過大多數時光的居住地。一九四五年秋天是他第二次造訪，到了這一年年底，他的朋友大衛·艾斯托（David Astor）認識這裡的房東，透過他的協助，歐威爾得以租下一棟偏遠的農舍名叫巴恩希爾（Barnhill），就位在這座島嶼最北角。在蘇格蘭的某個角落，脫離了文明生活的便利設施，訪客還得先走八英里（約十二·八公里）的路才能看見這棟房子，歐威爾為什麼會有這股衝動想到距離倫敦幾百英里遠的北方，各方的意見各有不同。安東尼·伯吉斯認為這是針對《動物農莊》成功後的反應，害怕自己成為眾人矚目的焦點。其他朋友則想起歐威爾談過核武大屠殺的威脅，而且他堅信理查在遙遠的北方會比較安全。不過也有與這些回憶不同的說法，歐威爾的日記中最早在一九四〇年六月有一篇寫道，他「一直都想在內赫布里迪擁有自己的島嶼，我想我永遠也不會擁有，甚至看一眼都難」。無論怎麼解釋，朱拉島很快就成為《一九八四》發展的另一項因素，歐威爾人生的接下來三年所依循的模式越來越固定：旅行往返內赫布里迪、寫作《一九八四》、

報紙與雜誌的大量邀稿（一九四六年湧入了相當多報導工作，占用了整個秋天），還有身體越來越虛弱。

不過在這本小說的架構在他腦中變得清晰之前，他還有一本書必須要讀。一九四六年一月初，他在《論壇報》有個專欄的標題為「自由與幸福」（Freedom and Happiness），當中他宣告自己「終於拿到了」一本葉夫根尼・薩米爾欽（Yevgeny Zamyatin）*[7]的《我們》（*We*），這本傳奇的反烏托邦幻想小說背景設定在二十六世紀，由俄羅斯公民在一九二〇年代早期寫成，但是遭到蘇聯的打壓而只能找到翻譯的英文版、法文版以及捷克文版。歐威爾這篇文章有一部分有趣之處在於，其實他非常懷疑蘇聯政權到底是不是這本書主要抨擊的目標：「薩米爾欽針對的對象似乎不是某個特定國家，而是旨在影射工業社會。」另外，「烏托邦」中惶惶不安的人們實在毫無個性可言，彼此間以編號稱呼，跟大洋國也有

7 譯注：部分英譯為尤金，此處依原俄文譯為葉夫根尼・薩米爾欽。

幾個相似之處。整個國家受制於一位無所不能的統治者，稱為「施恩者」（Benefactor），利用一群稱為「衛士」（Guardian）的政治警察來實行獨裁統治，並且強迫人民只要一聽到擴音器裡播放出聯眾國（Single State）*8國歌，就要馬上以四人一排的隊形行進，薩米爾欽所創造的這個世界，基本想法是幸福與自由不能並存，只有聽話從命才能達到內心的安寧。

然而這樣的模板卻被《我們》的無名英雄 D-503 擊破了，因為他愛上了 I-330，而在隨後的反叛行動中，政府宣布反叛的起因其實是因為部分人士患上了稱為「想像力」的疾病，後來 D-503 面無表情地看著 I-330 遭受刑求，反叛者也被公開處決。

歐威爾一直都對薩米爾欽很有興趣，將近三年後，大概是《一九八四》即將完成的一週前，他寫信給弗瑞德·沃伯格，告訴他有一家英國出版社原本預訂了

8 譯注：部分版本英文為「the One State」，應為英譯不同所致。

要推出《我們》的英譯版，但是破產了，不知道塞柯與沃伯格有沒有興趣接手（「這本書相當了不起，俄羅斯當局一定會進行打壓，因為他們認為這本書是在諷刺他們，但我會說這本書更像是在諷刺烏托邦主義，順便告訴你，我認為阿道斯・赫胥黎的《美麗新世界》有一部分是抄襲自這本書。」），雖然有幾本反烏托邦小說或多或少對《一九八四》都有明顯的影響，不過顯然他第一次真正打算放手去寫這本小說，就是在他接觸了薩米爾欽的三、四個月後。

值得注意的是，《論壇報》這篇文章見報的前一天，歐威爾正好開始培養一種習慣，對接下來三年寫作《一九八四》這本書有特殊影響；歐威爾習慣在自己的日常生活中擷取片段細節，將之融入文本裡。他為《倫敦標準晚報》（*London Evening Standard*）寫了一篇短文〈雖然只是廢物，但誰能抗拒？〉（Just Junk—But Who Could Resist It?），便在文中回憶道，自己造訪倫敦中部的二手商店能得到許多樂趣，他建議讀者可以去尋找某些東西，像是「維多利亞時代的胸針和鑲著瑪瑙或其他還算珍貴的寶石的墜盒」，敘述一、兩段之後他提及「一塊底部有圖樣的玻璃紙鎮」，接著警告道「還有其他像這樣的東西，玻璃底部鑲著一塊珊

瑚，不過這些一定貴到不可思議」。這裡就像是往查靈頓先生的骨董店裡跨進了短短、純粹想像的一步，那間店裡「堆放著鼻菸盒、瑪瑙胸針什麼的」，而且在某一段描述中，溫斯頓好奇地看著「一個奇怪的粉紅色物體，那個東西呈迴旋狀，讓溫斯頓想起一朵玫瑰或海葵」，後來他知道那是一塊珊瑚，他付了四塊錢給店主人，只為了開開心心將「這夢寐以求的寶貝塞進口袋裡」。如果說《一九八四》大部分內容都是從無到有寫成，那麼其中許多旁枝末節便是直接從作家寫作以外的生活中整段照搬。

5 朱拉島歲月

歐威爾在一九四六年五月底出發前往蘇格蘭入住自己的新家，到了七月初，巴恩希爾的人口又多了他妹妹愛芮兒、小理查（如今已經兩歲又多一週左右），還有理查的保母蘇珊·華森。他原本計畫等到房子整頓到一個程度後就開始寫小說，不過整理一個家需要時間，夏天的天氣又讓人待不住家裡。有朋友過來小住，又得找人把理查從倫敦帶過來，他們還去了一趟格拉斯哥（Glasgow）把蘇珊的小女兒接來。這段時間裡，總是熱愛「自然」以及戶外生活好處的歐威爾則深深愛上了朱拉島的生活：他從這段時間開始在筆記本裡記錄家庭生活，興高采烈地寫滿了各種當地鳥類數量的記述，或是要將一頭受困沼澤的牛拉上岸是多麼千

辛萬苦。進度很慢，九月底準備要回到倫敦的時候，他向朋友休伊．史雷特（Hugh Slater）坦承「我這個夏天其實沒做太多工作，說起來我終於開始寫一本關於未來的小說，但是我只寫了大概五十頁，天曉得我什麼時候寫得完」，不過逐漸增加。即使到了這個時候，在他的書房兼臥室裡那一疊手稿稿紙慢慢積累起來，卻還沒確定書名，不過他還是偏好「歐洲的最後一人」，他曾打算將時間設定在一九八〇年及一九八二年，不過最後確立在一九八四年。

不過作家並不知道，後來成為《一九八四》的這批初稿有兩位搶先閱讀的讀者，一位是蘇珊．華森，另一位則是來找她的男朋友；當時二十三歲的劍橋畢業生大衛．霍布魯克（David Holbrook），兩人會趁著歐威爾不在家時偷偷溜上樓自娛，悄悄偷看正在進行中的書稿。霍布魯克雖然是歐威爾早期作品的書迷，卻不是很喜歡，「讀起來相當令人憂鬱，」他事後回想道，「有一個叫做溫斯頓的男人……還有這些令人憂慮的性愛描寫，似乎完全失去希望般地悲慘。」至於歐威爾自己則對這個年輕人抱持著高度懷疑，霍布魯克自稱是共產黨員，因此歐威爾懷疑他是被蘇聯共產黨委員派來監視自己的。至於霍布魯克與蘇珊的關係還有更

具爭議的地方，後來這位年輕人寫了一本毫不留情的自傳性小說（不過未獲出版），當中以一名叫做「葛瑞哥里・伯恩威爾」（Gregory Burwell）的作家來影射歐威爾，將他描寫成高䠷、憂鬱而且越來越自私自利的人，書中代表了霍布魯克自己的角色則敘述這位作家喜歡跟自己的妹妹「歐雯」（Olwyn）促膝長談，內容極盡枯燥慘淡。（「這兩人最悲哀的娛樂就是捻熄一切可能性；他們喜歡讓一切看來遠不可及、毀壞到無法修復、無法保存。他們無法求援，沒有人支持他們、沒有朋友也沒有好心人。」）

不只是內赫布里迪的夏天消遣阻礙了歐威爾繼續寫書，還有各種活動誘惑著他放下筆，帶著理查在巴恩希爾附近散個步，或者獵幾隻當地的鵝來為居民的晚餐加菜，這些都能說明《一九八四》大部分的結構仍然只是他在腦中成形。而他在一九四五年至四六年間撰寫的大多數報導文章也顯示出，他正在研究的這些主題後來就會在小說中再次出現，只是小說現在仍躺在他書桌上慢慢孕育當中。例如在這段時間的幾篇文章中，會發現他在認真思考戰後世界可能的地理劃分，在一九四五年十月為《論壇報》所寫的〈你和原子彈〉（You and the Atom

Bomb），此時距離核彈落在廣島及長崎只有幾個月，他在文中就認為「越來越明顯的是，地球表面會被打包而劃分成三個龐大帝國，各個都能自給自足、切斷與外界的聯繫，而且各個帝國的統治者都是自行宣布當選的寡頭政治領袖，只是披著某種偽裝」。強權之間還在互相爭權奪利，而且三大巨頭中的第三國，也就是由中國主導的東亞地區，比較像是潛在影響而非實質統治，不過這樣的傾向應該錯不了。原子彈能夠奪走受剝削階級反抗的能力，並且讓擁有原子彈的人處於軍事平等的基礎上，原子彈或許能完成這整個發展過程。

第二篇文章是關於美國管理學大師詹姆斯．伯納姆（James Burnham），是在歐威爾抵達朱拉島的那個月刊出，文章也延伸談了一些這類想法，尤其是文中一開頭就概略介紹了伯納姆的書《管理革命》（*The Managerial Revolution*），似乎也直接連結到《一九八四》那個規定嚴謹、高度集中，尤其還是寡頭統治的世界：

如今正崛起的是一種新形態的計畫性、集中性社會，既不屬於資本主義，

而從各種字面上的意思來解釋，也不屬於民主社會。這個新社會的統治者將是能夠有效掌控生產工具的人：也就是企業高層主管、技師、官僚與士兵，而伯納姆將之集結起來統稱為「管理人」。這些人會消滅舊有的資產階級、擊潰勞動階級，藉此組織起所有權力與經濟特權都掌握在自己手中的社會，他們會廢止擁有私人資產的權利，卻不會建立起共同所有權。新的「管理」社會並不是由小小的、獨立的國家拼組而成，而是圍繞著歐洲、亞洲及美洲的主要產業中心建立起龐大的超級國家，這些超級國家會為了獲取地球上還未有人占領的地區而彼此交戰，但或許誰也無法完全征服誰；在內部，每個社會的階級涇渭分明，上層是擁有才能的高貴階級，底下則是一大群半奴隸的人民。

大洋國內的架構分成三層：內黨、外黨以及無產階級，顯然就跟伯納姆的預言有點關係。歐威爾在朱拉島之前那段時期的報導文章顯示出，他在探索所謂極權主義的心理，以及為了讓專制社會得以運作必須使出的高明詐術。他介紹傑克·倫

敦短篇作品集的文章中又回頭去談《鐵蹄》，並提出倫敦預見了「極權社會特有的恐懼，政權所懷疑的敵人就這樣消失了」。另外，一九四六年一月他寫了一篇長文題為〈文學的預防〉（The Prevention of Literature），討論了極權國家實行著「有條理的謊言」，歐威爾認為這並非暫時的權宜之計，而是極權主義不可或缺的一部分，「即使已經不再需要使用集中營和祕密警察，這種東西仍會持續下去」。對獨裁者而言，歷史唯一的重要性就只是用來維護操控這個國家政權權力的工具，理論上而言，極權國家的領袖絕對不會犯錯，但實際上卻經常必須重新調整某些事件，才能呈現出這些領袖受人民歡迎的形象；同時，為了政權的運作能夠順利也必須經常變更法規與政策，只有不斷調整歷史事件的紀錄才能夠說得過去。「事實上極權主義必須經常改變過去，長久下來或許也必須讓人不信任所謂客觀事實的存在。」

如果這兩篇文章能夠進一步證明歐威爾如何揭露極權主義的心態，那麼在一九四六年四月刊登在《地平線》上的〈政治與英語〉（Politics and the English Language）便是一種檢視，討論現代政治演講與寫作中那種誇張的風格是如何用

來執行這些欺詐。就像是讓讀者先試讀大洋國官方新聞快訊以及播報者的老套告戒會用到哪些不明所以的術語，他點出「如果一個人真實的目的跟自己宣稱的目的之間有段距離，這個人就會像烏賊吐出墨汁一樣，不自覺地使用冗長的詞語及老生常談的俗語」，他結論：「政治語言的設計就是要讓謊言聽起來像真話，謀殺變成可敬的行為，就算是純粹的風也要看起來有實際的形體。」同樣的論點很快也可以套用在老大哥的演講上，還有溫斯頓坐在真相部自己的隔間中，不斷修改重寫的《時報》版本。

接下來的六個月，歐威爾都待在倫敦，據他說自己「快被報導文章悶死了」，同時腦中默默糾結著《一九八四》的手稿，忍受著記憶中最為嚴寒的冬天，他後來也相信這對自己健康緩緩惡化也是個關鍵因素。歐威爾在一九四七年四月回到朱拉島，下定決心專注投入所有精力把書寫完，他拒絕了新的稿件邀約，朋友帶著誘人的提案來找他也收到警告而退縮，「我要在這裡待六個月，努力寫完一本小說。」有位跟他通信的朋友好奇他在《論壇報》的專欄怎麼停了，

他就這樣解釋；「我現在什麼都寫不了。」他這樣對喬治．伍德考克說，伍德考克似乎是建議他針對兩人都很有興趣的某本書寫篇評論，「我正為自己這本書苦惱著，打算暫時不要再幫報紙寫稿，今年底大概是寫不完了，不過我希望能完成大半，要是再接其他工作就辦不到。」在他的信件中經常能看見他提起，要將自己的素材塑造成合適的形狀有多麼困難，「我正費盡心力想寫完這本書，或許今年底可以寫完。」他在五月底前寫信給自己的經紀人李歐納．摩爾，還說「無論如何到那時應該也可以寫完大部分，只要我能保持健康、在秋天前都不再接報紙的稿件。」其中提到的「保持健康」尤其重要，歐威爾知道自己的狀況不好，擔心會再惡化，時間不待人。

一九四七年春天有一封信最為有趣，收信人是這本小說未來的出版商弗瑞德．沃伯格。自從那份內部備忘錄上說前十幾頁已經寫好了之後過了快兩年，沃伯格急著想確認小說什麼時候會寫完，此時他也知道歐威爾已經勸退了維克多．格蘭茨放棄對這本書的興趣，讓沃伯格鬆了一口氣，畢竟格蘭茨還握有歐威爾接下來兩本小說的法律合約（「我聽格蘭茨說他願意終止合約，」歐威爾在四月中

寫信給他的經紀人，「所以我想接下來一切事務都可以跟沃伯格談定。」）。這封寫給沃伯格的信中，大部分都只是再次強調他前六週寫給朋友信中所談到的事，他的這本書「有個相當不錯的開始」，而且認為「他目前的初稿肯定已經將近三分之一」，如果進度比預期的還要慢，那是「因為我今年自從一月開始，健康狀況實在非常糟糕」，但是他不斷「努力工作」，希望能在秋天完成初稿，可能的完成日期設定在一九四八年初，只是歐威爾又加了一條不祥的附帶條件：「除非生了病。」重要的是，他現在已經準備好要跟沃伯格說些跟小說內容相關的事，「我不喜歡在書寫好之前就談內容，不過我現在可以告訴你這是一本有關未來的小說，也就是在某方面說來是一本奇幻小說，但形式上則是自然主義小說，所以才會這讓這件工作如此困難。」

不過本著《一九八四》最後的樣貌來看，接下來的段落更是有趣。在信中歐威爾提到自己要另外寄給沃伯格「一篇自傳性質的長篇草稿，本來寫這篇文章的用意是放在西瑞爾·康納利的《諾言之敵》（*Enemies of Promise*），當成某種後記文章，他一直要我寫篇文章回憶我們一起就讀的中學」。這篇文章還沒寄給

《地平線》，歐威爾解釋道，「一來這篇稿子太長了不適合放在期刊雜誌裡，二來我想付印刊出後對學校的名聲實在傷害太大，而我又不打算修改，或許只會修改名字吧」。這是歐威爾第一次提到〈如此，如此便是歡樂〉（Such, Such Were the Joys），這篇一萬五千字的文章中毫不留情地描述了他在薩塞克斯海岸邊伊斯特本（Eastborne）附近的聖西普里安學校所度過那五年歲月（一九一一年至一六年），聖西普里安學校是一所名氣頗盛的中學，擅長培養能夠贏得獎學金、進入知名英國公學校的學生，擁有並管理學校的是一對名叫威爾克斯（Wilkes）的夫婦，入學的男孩們給他們取的外號叫做「格鬥家」（Sambo）和「發火」（Flip），歐威爾在文章中記述自己在他們的照顧下所度過的歲月充滿苦澀，除了各種過失之外，還指控威爾克斯夫婦行事殘酷、勢利眼、偏心，而且以羞辱學生為樂，因此這篇文章一直到歐威爾死後才得以出版，即使是那個時候也只在美國出版，英國則是一直等到一九六八年才公開。

現代讀者若將〈如此，如此便是歡樂〉一文與《一九八四》放在一起檢視，一定就能發現兩者所營造出的心理氛圍有多麼相似，若是再想到一個是描寫大戰

前的英國寄宿學校，另一個則是反烏托邦的恐怖世界，其中的人民只能觀看公開處刑取樂，這種連結就會更令人膽戰心驚。不過絕對錯不了的是，歐威爾再次想像中的聖西普里安學校基本上就是一個警察國家，小艾瑞克．布萊爾會因為父母沒錢而遭到教師譏諷，經常聽到他們說自己將來不會成材，他就是溫斯頓．史密斯的早期版本。例如在文中某處，歐威爾形容年幼的自己感覺到「一股絕望的寂寞與無助感，不只是被困在一個充滿敵意的世界，而且還是一個非善即惡的世界，但其中的規則又實在讓我無法遵守而行」。在其他地方的記敘中則寫著因為時時受到監視，所以感覺十分沮喪，他的一舉一動都受到無所不在的眼睛看守、監管著，他若是違規去了甜點店，看見某個路人直盯著他的校帽看，那就不必懷疑這個人的身分，「他就是格鬥家放在那裡的間諜」。對一個十歲的小男孩來說，一個私校校長能夠擁有一支任他差遣的情報部隊似乎並不奇怪，因為「格鬥家無所不能，所以他的手下自然也是無所不在」。

有趣的是，和威爾克斯先生顯然最為相像的角色就是歐布萊恩，尤其是他站在仁愛部中訊問溫斯頓的時候。歐布萊恩向溫斯頓說教解釋極權政府計畫的終極

目標時（不只是要告訴一個人二加二等於五，而是要誘導他真正相信這件事），如果說他身上有什麼幾乎像牧師一樣的氣質，那麼也可以說他有點像學校老師，彷彿是個諄諄善誘的老學究，儘管偶爾會惱怒，卻決心費盡心力指導著成績落後的學生，希望最後能夠激勵他，使他「為善」。甚至在溫斯頓的審問當中，歐威爾還一度點出歐布萊恩「又擺出學校老師的姿態，質問一個有前途的學生」，這一切雖然讀來令人不安，卻非常像是威爾克斯先生跟學生一問一答，確認他們都記得滑鐵盧戰役的日期。同樣類似的還有溫斯頓與刑求他的這個人之間有一種心理聯繫，溫斯頓怨恨歐布萊恩，但是卻又有一點想要取悅他，想要說出能夠讓他滿意的答案，好躲避不斷朝著自己湧來的指控與斥責；同樣地，小艾瑞克在文章中的形象也是討厭格鬥家與發火，「帶著一種慚愧而悔恨的憎惡」。所有男孩都討厭也害怕發火，但是所有人「都拚命討好她，使盡各種無恥手段，而我們內心對她最直接的感覺都是一種帶著極度罪惡感的忠誠」。歐威爾說自己聽著她訓誡他要「振作起來」、乖乖聽話，就會忍不住想掉眼淚，「但是在此同時，在某人內心的最深處似乎都站著一個不會毀滅的內在自己，深知不管某人做了什麼，無

論是笑、是抽泣，或者是為了小恩小惠就感激涕零，某人唯一真正的感覺就只有憎恨」。於是，聖西普里安學校跟大洋國一樣就是個極權政體，由恣意妄為的暴君所統治，他們的話就是法律，而所制定的規則又不斷改變，讓受統治的人民困惑不已。值得注意的是，歐威爾表示年幼的自己就和溫斯頓・史密斯一樣，學到了「一個犯錯的人可能永遠也不會發現自己做了什麼，也不會知道為什麼這樣是錯的」。

〈如此，如此便是歡樂〉與《一九八四》之間的明確連結就在於寫作的日期，可惜的是這點無從證實。歐威爾一回到朱拉島就開始將小說的書稿一批、一批寄給打字員米蘭達・克里斯登太太（Miranda Christen），他在伊斯林頓的公寓就是轉租給她。克里斯登太太記得自己在一九四七年初就將這篇文章繕打整齊，不過她也記得工作時所使用的打字稿顯然已經存放一段時間了，可能有好幾年那麼久，更奇怪的是，剩下的書稿看起來似乎是由三位不同的人打字的，其中一個是克里斯登太太，另一個是歐威爾自己用他在巴恩希爾的打字機，不過中間的段落雖然也是用巴恩希爾的打字機，看起來卻是別人打的，可能是夏天來訪的客

人。這些都無法讓我們知道歐威爾是什麼時候開始寫這篇文章，這篇文章一開始是為了《地平線》而寫的，這本雜誌自一九三九年底開始發行，歐威爾在隔年開始為雜誌撰稿。有一封從一九三八年留下來的信件中，他宣告自己打算「要寫一本有關聖西普里安學校的書」，這篇文章形成的可能狀況大概是，作家在二戰早期完成了初稿，在一九四五至四六年間經過修改及為了投稿而重新打字，作者又將之帶去朱拉島，然後一九四七年由克里斯登太太重新打字，接著又修改了第三次。

但是不管文章是如何寫成、何時寫成，可以肯定一件事：〈如此，如此便是歡樂〉對於歐威爾至關重要，他準備投入相當多的時間來撰寫這篇文章、數度修改並重新調整架構，而且十分希望能夠以精裝出版（「我想只要最直接相關的人都死了，遲早都要印出來，」他告訴沃伯格，「而且我遲早應該都會出一本散文集。」）。否則他為什麼要花時間在朱拉島上修改這篇文章，不顧自己跟六、七位朋友通信時都信誓旦旦，表示他很擔心自己的健康狀況、著急地想要繼續寫完《一九八四》？雖然無法解釋究竟是《一九八四》源自於這些他對年幼悲慘經歷

的回憶，或者這篇文章本身是大洋國背景設定的副產品，但兩者之間顯然有某種關係，兩部作品似乎都是以同樣的素材鍛造而成：可以說，若是沒有〈如此，如此便是歡樂〉，《一九八四》在本質上就會是一本不同的作品。

還有一封信跟歐威爾與弗瑞德．沃伯格的通信同樣有趣，應該是他剛抵達朱拉島那天就寄出的第一封信，總共三頁長，當中包含著非常詳細而具體的指示，告知該如何從蘇格蘭本島抵達朱拉島（「搭巴士到西塔爾伯特〔West Tarbert〕……再雇輛車到立特〔Lealt〕」），這封信既非寄給他的出版商，也不是給文壇友人，而是寄給索妮雅．布朗奈爾，再過三十個月，他就會在倫敦醫院的病房中舉行儀式迎娶這名女子。這時候的索妮雅任職於《地平線》擔任助理，她十分敬重康納利的才華，同時也毫不掩飾自己非常渴望能夠執行更多編務工作，她也是歐威爾在一九四五至四六年間求婚的眾多女子之一，而且也遭到拒絕。一年後，兩人的關係已經進展到歐威爾還沒打開行李箱整理東西就急著寫信給她（「最親愛的索妮雅，我直接用手寫信，因為我的打字機在樓下。」），感

謝她幫自己買的東西（「我這才想起來妳幫我買的白蘭地，我一直沒拿錢給妳。」），並且懇求她來拜訪他（「我想告訴妳旅行到這裡的完整細節，其實沒有紙上寫起來那麼困難。」）。顯然，這個男人在信件最後署名附注「非常愛妳」，已經表示了「我真的非常希望妳能來」，迫切地想讓她陪在自己身邊。

索妮雅在歐威爾生前從來沒有踏上朱拉島，或許是想到這趟路途艱苦異常，歐威爾光是描述就寫了二十幾行字，因而卻步。即使如此，歐威爾坐在桌前再度開始寫作《一九八四》，描繪出小說核心那場注定是悲劇的戀情時，腦中總會時刻想起她、懷念著兩人一起在倫敦度過的時光，這一切自然都會讓人懷疑索妮雅跟茱莉亞這個「在虛構局工作的女孩」有某種關聯，茱莉亞在政府部門的工作就是忙著產出大量製造的色情影片給容易受影響的無產階級，空閒時間就鼓勵溫斯頓把黨章裡幾乎可以違反的禁令都違反了。英國作家希拉蕊．史柏林（Hilary Spurling）在側寫索妮雅時就更深入一步，指稱歐威爾在一九四七年春天回到朱拉島，目標就是將索妮雅「重新塑造」為茱莉亞，並且決心要「以她為自己的模特兒」。溫斯頓第一次看見茱莉亞踏入舉行兩分鐘憎恨時間的房間時，他看見：

她看起來很有自信，年約二十七歲，一頭濃密深色的頭髮，臉上長了雀斑，像個運動員般動作敏捷，她穿著連身工作服，綁著一條紅色的細腰帶，纏繞了好幾圈，那是「青年反性聯盟」的標誌，腰帶綁得很緊，正好襯托出她的臀部線條。

書中後來寫出茱莉亞是二十六歲（歐威爾邀請索妮雅來朱拉島時，她正要迎來二十九歲生日），她的青春活力對比溫斯頓提早的衰老（「我三十九歲了，有一個甩不掉的老婆，腳上有靜脈性潰瘍，有五顆假牙。」）有幾處明顯的差異。歐威爾第一次向索妮雅求婚的時候已經四十出頭，在這兩組人中，都是一位顯然並不健康的中年男子迷上了一位二十幾歲精力旺盛的女子。不過在這之後，索妮雅就是茱莉亞的證據就模糊許多，溫斯頓曾在書中一處描述茱莉亞「除了她的雙唇之外，她其實算不上美麗」，而索妮雅有一頭淡金色的頭髮、皮膚白皙，身材有一點豐滿，追求她的愛慕者認為她看起來就像法國印象派畫家雷諾瓦（Pierre-Auguste Renoir）畫中的女孩。茱莉亞也和索妮雅一樣具有強烈的存在感，書中形

容她「闖入」房間，說起話來十分有自信，可以說就像是索妮雅那種頤指氣使的態度，據說她就是藉此才能夠在《地平線》辦公室中執行編務工作，茱莉亞自述「每個禮拜有三天晚上會在青年反性聯盟做義工，花好幾個小時在倫敦街頭貼滿那些該死的標語。我在遊行裡總會幫忙拉標語布條，一直保持愉快的表情，絕不逃避責任」，聽起來非常像是索妮雅會說的話。茱莉亞跟這位可能的模特兒的不同之處是她不願意動腦，不太想要閱讀，而對索妮雅而言，有個朋友曾經回憶她說過「一個人最偉大的成就除了寫書並無其他」，而當溫斯頓拿到了大洋國的傳奇禁書，也就是由艾曼紐・葛斯登所寫的《寡頭集產政治主義的理論與實踐》，想要從中念幾段給茱莉亞當作娛樂，她卻倒頭就睡。

不過從《一九八四》以及歐威爾生活的環境中還有其他證據，或許會讓人質疑兩人的對比相似度。首先，歐威爾在一九四六年初開始與索妮雅有來往，不過卻是在更早之前就開始構思這本小說；溫斯頓與茱莉亞喜歡在陽光下嬉戲，這段場景早在歐威爾與艾琳諾・賈克斯交往時就預想好了，兩人交往的大部分時間都是在一九三〇年代早期的薩福克郡鄉間度過，一九三二年九月有一封寫給艾琳諾

的信上回想道：「那一天在布萊斯堡小屋（Blythburgh Lodge）一路過去的那片樹林裡……我永遠都會記得，還有妳躺在那深色苔蘚上白皙的美妙身體。」這段描述非常類似於書中描寫茱莉亞扯開自己的衣服，讓她的身體「在陽光下透出白光」。至於茱莉亞「像個運動員般動作敏捷」的特色，則應該提到布蘭達．索凱爾德（Brenda Salkeld），她也是歐威爾在一九三〇年代早期在薩福克郡交往過的女子，她白天在當地一所私立女校擔任體育老師。

第三個反對的論點或許跟茱莉亞在書中扮演的角色更是密切相關，在某個程度上，她在書中比較像個比喻，而非決定性的角色。有趣的是，除了溫斯頓在一開始的描述，以及對於她在政府內部工作的一、兩種猜測（「他想，她還這麼年輕，對人生還有寄望……她不相信單打獨鬥一定會失敗，也不覺得自然法則就是如此……但她不知道的是，世界上並沒有幸福這種東西，勝利的唯一機會只存在於遙遠的未來，到那時候妳已經死了很久很久」），我們對茱莉亞幾乎一無所知，也不知道她心中是怎麼想的。溫斯頓的記憶中還有那個悲哀而討厭性愛的妻子刺激著他，或許會覺得茱莉亞的魅力無法抵抗，不過她的重要性似乎存在於她

所象徵的青春、衝動、隨心所欲，而不是她這個人本身。

不過史柏林認為，索妮雅不只是轉化躍身《一九八四》的書頁上，同時也對這本書的整體構思有顯著影響。大洋國極權政權的一項關鍵概念是一種心理狀態，以「新語」來說叫做「雙重思考」：能夠同時在腦中擁有兩個互相矛盾的意見，而一九四六年七月，索妮雅在《地平線》上發表針對法國作家侯傑·貝亞菲特（Roger Peyrefitte）《祕密交情》（*Les Amitiés particulières*）一書的評論，其中肯定呼應了雙重思考，或者可以說是預告。索妮雅就跟《祕密交情》書中核心角色的這兩個男孩一樣，在天主教寄宿學校受教育，而這本書再度喚起了許多充滿敵意的回憶，想起學校中那種處處背叛和表裡不一的氛圍，她認為天主教的核心便是如此：

> 一旦看清了（這個）世界你就不會受其所害，而是能夠用唯一無法回應的武器來對抗：厭世的絕望；一旦你學會了雙重視界這門課，行動與情緒都一樣沒有意義。這就是天主教教育的遺緒……只要是上過天主教學校的人都能

在彼此身上認出來，彼此屬於祕密會社的一員，當他們碰了面就會擠在一起，暫時跟外在的世界停戰，同時戒慎地、懷著疑心，舔舐著彼此的傷口。

我們並不知道這一期的《地平線》是否在一九四六年夏天送到了朱拉島，不過史柏林認為「很難以巧合就一筆帶過，就在他開始寫《一九八四》時，他的前女友就在投稿的文章中確切描述了他書中情節的主要情境」，另一方面，爬梳過歐威爾的報導文章就會發現，他在一九四〇年代初一直努力想要將宗教信仰與左右翼獨裁形式畫上等號，例如有一篇未發表的評論文章原本要刊登在《曼徹斯特晚報》（*Manchester Evening News*）上，就跟《動物農莊》一樣，歐威爾認為該報拒絕刊登是因為「反史達林的意涵」，而這篇文章評論的是英國政治家哈洛德·拉斯基（Harold Laski）的《信念、理性與文明》（*Faith, Reason and Civilisation*），拉斯基的目標是將他對民主與思想自由的信念呼應自己的深信，蘇聯「是能夠在這個國家以及其他地方真正推動社會主義運動的力量」，根據歐威爾閱讀的感想，拉斯基的做法是將蘇聯類比成羅馬帝國分裂時期的基督教，蘇聯社會主義的

「目標是要建立人類之間的手足情誼與平等，就像早期的教會一心一意只想要建立起上帝的國度那樣」。

確實，在《一九八四》中有索妮雅的痕跡，同樣也有歐威爾第一任妻子愛琳的影子，她在二十多歲時便寫了一篇分成三部的未來主義諷刺故事，標題為〈世紀之末：一九八四〉（End of the Century: 1984），投稿到母校校刊，歐威爾非常有可能讀過了。而且還有最後一個理由，值得懷疑這位在虛構局工作的女孩究竟是不是直接影射了在《地平線》辦公室繞著西瑞爾．康納利團團轉的女孩，也就是關於茱莉亞的動機為何，還有她對溫斯頓的感情到底有幾分真實。因為歐布萊恩這位內黨高層黨員，對溫斯頓來說就像是牧師、學校老師的形象，還鼓勵他的反叛，最後才發現他只是刻意煽動犯罪，整個計畫都是設好的局，而且書中至少提過一次茱莉亞是自願協助歐布萊恩的共犯，是刻意設置好的美人計，就是想引誘溫斯頓涉險，讓他落入思想警察的手中。《一九八四》從某個角度來說，或許就是從朱拉島寫給一位留在倫敦的女孩的情書；從另一角度來看，其核心訊息似乎是想說，到頭來我們所愛的人都一定會背叛我們。

歐威爾據守在朱拉島，感受著大西洋吹來的寒風撕扯著一切，看著大批鷗鷺聚集在海灣邊，他開始寫另一本「家庭日記」來記錄自己在島上的探險。他若不是在寫《一九八四》，就是在寫這本日記，大部分都與巴恩希爾的花草有關（「幾隻母雞在換羽，今天還發現一顆蛋有雙蛋黃，應該是不祥之兆，畢竟人們都說那表示是窩裡最後一顆蛋了。」），這本日記跟同時間進行的小說之間也有幾點連結，不只是為歐威爾日漸惡化的健康提供可靠的參照，同時這些筆記的本質有時也暗示了朱拉島如何激勵了作家的創意想像。第一類是他住在島上前幾週的幾筆附帶說明，其中說明他病得很重，只能待在家裡（「還是覺得不舒服，沒辦法出門太久」，四月二十二日。「不太舒服，不能做什麼」，五月九日。「好多了，出門了一會兒，但沒做什麼」，五月十三日）。第二類則是一篇直接與小說相關的筆記，就在小說第二部分中段，溫斯頓和茱莉亞剛從查靈頓先生店鋪樓上的房裡醒來，這時她突然大喊：「嘿！出去，骯髒的渾蛋！」

她突然一個翻身轉過去從地板上抓起一隻鞋，然後像個小男孩那樣彎曲手

臂猛一扔，把鞋子丟往角落，就像那天早上的兩分鐘憎恨時間，溫斯頓看到她把字典丟往葛斯登一樣。

「怎麼了？」他驚訝地問。

「老鼠，我看到那畜生的鼻子從護牆板的洞伸出來。不過我想我也嚇跑牠了。」

「老鼠！」溫斯頓低聲說，「這房裡有老鼠！」

「到處都是啊。」茱莉亞躺下的時候說，好像沒什麼大不了的，「甚至連我們宿舍裡的廚房都有，牠們占據了倫敦某些地區。你知道牠們會攻擊小孩嗎？真的，在那些街上，女人絕對不敢放著小孩單獨一個人超過兩分鐘，那些又大又肥的棕鼠都會對孩子下手，最噁心的是，那些渾蛋老是——」

「**不要再說了！**」溫斯頓雙眼緊閉。

那些「噁心的渾蛋」老是會做的事情可以追溯到六月十二日的一篇日記，其中一個段落描述了一件意外，巴恩希爾的老鼠落入了設在牛舍裡的陷阱被抓起

來，結果聽見附近某個村落傳來消息：「我聽說最近在阿德路薩（Ardlussa）有兩個小孩被老鼠咬了（一樣都在臉上）。」

一九四七年春夏兩季有朋友來拜訪歐威爾，他們都相信他在這裡很開心，自己默默融入了農場上的規律作息、娛樂著三歲的理查，偶爾就到附近的小河出遊抓鱒魚，滿心愉悅地消滅住家附近的蛇類，還試著想讓蛙卵在罐子裡孵化。雖然小說寫來也不是行雲流水，不過他相信自己有所進展，「我寫書的進度非常慢，」他在六月第二週告訴喬治．伍德考克，「不過還是在進行中，我希望能夠在一九四八年早早就寫完。」類似的報告也在七月底寄給了李歐納．摩爾：「小說的進度相當不錯，有望在十月完成初稿，我預估在那之後還要再花六個月。」距離這個截稿日似乎還有一段時間，或許是因為歐威爾並不知道自己在冬天的去處，他深知一九四六年至四七年的嚴寒對自己肺部造成了傷害，正在考慮是否最好在秋天去倫敦待一段時間，然後回到朱拉島，這裡的天氣似乎比較溫和，燃料的供應也無虞。九月一日他寫了一封信給沃伯格，告知他打算「在十一月左右」去倫敦，在此之前不會去，「除非有什麼意外發生」。至於小說，他希望能夠在

十月間完成初稿，預估他重寫要花四、五個月，「現在簡直亂得不得了，」歐威爾最後好心解釋，「不過我想應該可以。」

不過此時的歐威爾已經遇上了某件事，差一點就要讓《一九八四》的寫作進度完全停擺。兩個星期前，他和理查還有愛芮兒，再加上這年夏天來訪巴恩希爾的三名訪客，也就是他的外甥女珍（Jane Dakin）與露西．戴金（Lucy Dakin）還有他們的兄弟亨利（Henry），一行六人搭上小船航行了九十分鐘到葛倫賈瑞斯戴爾（Glengarrisdale）的露營營地。愛芮兒和珍決定步行穿越這座小島回到巴恩希爾，而走海路又誤讀了潮汐表的歐威爾一行人落入了著名的亞柏漩渦（Gulf of Corryvreckan），引擎失去動力，而且在發動時斷裂、消失在海裡，此時正是驚險的時刻，他們的小船翻覆，擱淺在距離朱拉島岸邊一．六公里左右的露出岩石上。最後一艘龍蝦船經過救了他們，但是全身浸在大西洋裡，又從救援船隻放下他們的地方走了八公里路回到巴恩希爾，在接下來幾週顯然影響了歐威爾的健康。「**感覺不適，完全沒出門**」，這是九月初的一段日記，兩天後，歐威爾提到他「**不適（胸部），幾乎沒出門**」，他在九月底有出門釣魚也在農場上工作，不

過十月十三日的日記則寫著不祥的「不適，沒有出門」。

在樓上的書房兼臥室中，手稿紙張正逐漸堆高，初稿幾乎要完成了，但是他不會去倫敦，原本計畫要在康登鎮（Camden Town）的工人大學（Working Men's College）演講，最終也取消了。接下來兩個月中他所寫的每一封信幾乎都不斷敲著警鐘，提醒眾人他的健康狀況越來越糟，他告訴亞瑟·庫斯勒「這一年的大半時間裡，我的健康一直都很糟糕，胸口的狀況也一樣。」一直到十月的第四週，他還盤算著要去南方一趟，向伍德考克說初稿已經大致完成（「小說的進行沒有預想中那麼快，因為我今年的健康一直很糟」），不過到了十月三十一日他只能待在床上，他告訴經紀人是因為「肺部發炎」，之後寄給朋友和工作同僚的訊息內容就越來越糟，「我的身體狀況非常差，打算躺在床上靜養幾週，會努力再好起來。」他在十一月初這樣告訴經紀人。一封寫給庫斯勒的信則談起他需要「看專科醫師」，而且可能需要待在療養院（「我其實已經病了好幾個月，只是三週前才躺下養病」），不過還有一封寄給《觀察家報》記者的信則表示他「只是想把身體養好，才能出發到倫敦去找專科醫師看病」。至於《一九八四》，「我的

書只寫了一半，原本應該在春天或初夏就該完成，不過我當然只能等到健康狀況夠好再動工」。

「我想我的身體現在真的比較好了，」他在十一月三十日告訴摩爾，不過信中的其他部分卻更人不得不注意到他的情況危急。接下來那週有位胸腔專科醫師要從格拉斯哥去看他，不管他究竟能不能離開朱拉島，「我肯定有一段時間什麼都做不了了，而且我敢說，之後他們就會要我去熱帶地方待一、兩個月」。有一個多月他無法寫小說，而距離完成還需要四、五個月的時間。同一時間，他的美國出版商應該也知道「我仍然，而且一直都病得很重」。胸腔專科醫師在十二月第一週從本島抵達，證實了歐威爾長久以來的猜想，他告訴摩爾：「正如我所害怕的，我病得很重，正是我所懷疑的肺結核，他們認為應該可以治好，不過我得停筆好一段時間了。」專科醫師建議他入住格拉斯哥附近的療養院，他告訴友人希莉亞·科宛（Celia Kirwan），「大概四個月時間，那裡簡直無聊極了，不過如果他們能治好我，或許這樣做是最好的。」聖誕節前不久，他便被帶往東基爾布萊德（East Kilbride）的黑爾麥爾斯醫院（Hairmyres Hospital），那裡的主治醫師

診斷他得的是「慢性」肺結核，在他左肺有一處頗大的空洞，右肺上半部也有一個比較小的孔洞。

除了身體慢慢消減的問題（除了其他症狀之外，歐威爾還瘦了將近十公斤），籠罩著他的還有延遲的問題。一九四七年春夏兩季留在朱拉島的朋友都注意到他看起來有多虛弱，他在島上這八個月大部分時間都不太能做什麼事。為什麼他拖了這麼久才去接受適當的治療？答案就藏在巴恩希爾他的書房兼臥室裡那堆紙張中，歐威爾抵達黑爾麥爾斯後不久，便跟他的朋友朱利恩・西蒙斯解釋道：

> 我今年初就覺得自己病得很嚴重，但是卻蠢到決定先忍過一年，畢竟我才剛開始寫書。當然，結果就是我書才寫了一半，幾乎就跟沒寫差不多，然後我的病實在太嚴重，只能待在床上……若是運氣好，到夏天就沒事了。他們似乎很有自信能治療好我的病。

歐威爾一生中總是對自己的健康問題輕描淡寫，不過這封寫給西蒙斯的信中語調輕鬆，還談起醫生們有信心能將他治好，並未透露出他內心的創傷。歐威爾躺在巴恩希爾的床上，望著蕭條的十二月天色淡成一片薄暮，他跟自己的房東，同時也是伊頓公學出身的羅賓．弗列契（Robin Fletcher）長談過好幾次，雖然弗列契比自己的房客還要年輕幾歲，這兩人相處倒是很融洽。兩人之間的對話並未留下確切的紀錄，不過弗列契很肯定，他也是這樣跟妻子瑪格麗特（Margaret）說的，歐威爾**知道**。不管他的人生還剩下多少日子，他唯一想做的就是趁著還有時間把小說寫完。

歐威爾在黑爾麥爾斯醫院待了七個月，在那裡接受了相當痛苦的治療，包括在不斷塌陷的左肺填滿空氣，並且強迫餵食增加體重（「他們逼我吃無敵多的東西。」他說），醫生讓他服用鏈黴素這種來自美國的神奇新藥，因為這種藥實在太新了，專業醫師即使開了處方也不確定正確的用量為多少。歐威爾面對身體上的病痛不便總是泰然處之，他指出副作用包括掉髮、指甲斷裂，還有喉嚨的水泡

潰爛，儘管如此他仍相信自己正慢慢好轉。很快地，到了一月的第三週他已經能夠告訴希莉亞「今天我照X光的時候，醫生說他認為病情絕對有進步」，到了四月初，他已經增加了一．五公斤，而且連續三次的痰液檢驗結果都是陰性。不久之後，他就獲准在白天下床一小段時間，而且在五月底時，雖然他仍「虛弱又瘦到讓人心驚」，呼吸也還急促，不過已經可以在醫院的庭院裡走一小段路。那間醫院相當不錯，他告訴送來祝福的人，「而且大家都對我非常好」。

同時，他正擔憂著自己的書以及無法完成這本書，「我沒辦法認真工作。」朱利恩．西蒙斯剛到不久，歐威爾就這樣說，「就算是我身體健康的時候，我從來就沒辦法在床上工作。我不能讓你看半完成的小說，我沒有讓誰看過，因為這些稿子就是一團糟，跟最後的成稿也沒什麼關係。我總是說一本書還沒完成之前都不存在。」一個月後，他寫信給沃伯格解釋說初稿已經完成了，只是「還剩下最後幾百字」，至於未來的計畫：

如果我六月前可以康復出院，或許就能在年底之前完成，我也不確定。目

前的稿子就是一團可怕的混亂，不過這個點子實在太好了，我不可能放棄。若是我出了什麼事，我已經指示我的遺囑保管人理查．瑞斯要摧毀手稿，而且不能讓任何人看見，不過那種事情不太可能會發生。我這個年紀得到這種疾病並不危險，而且他們說治療雖然緩慢，但相當順利。

雖然歐威爾生性低調又愛貶低自己，這封信卻透露了幾分訊息：歐威爾知道自己憑藉《一九八四》能有一番成就，耗盡身心也要完成這本書，希望能盡善盡美，他對這本書的期望甚至高到寧願毀掉手稿也不願意出版半完成的作品。於此同時，這封信背後潛藏著他內心的恐懼，擔心死亡或能力不足會阻礙寫書進度。在他緩步調養身體的同時，有許多消息能夠提振他的心情，包括他兒子學習進步的消息、偶爾為《觀察家報》以及《曼徹斯特晚報》寫書評，還有塞柯與沃伯格計畫要出版他的作品全集，但是他也向希莉亞．科宛抱怨道，再版舊書而非出版新書實在很「可悲」。雖說被迫無所事事對他有點好處，但是他也「有點受夠躺在床上，如今春天來臨，他渴望著能夠回家釣魚」。

春天結束了又進入夏天，他實在按捺不住迫切想要回去寫小說的心，他在五月中告訴沃伯格的合夥人羅傑·森豪斯自己已經開始修改書稿，不過能夠做的工作非常少，「每天大概只能工作一個小時」。到了這個階段有個懸而未決的問題，那就是在他出院之後可能會發生什麼，有人提議說他或許得以門診病人的身分繼續接受治療。兩週後，他表示自己「從來沒有這麼好過，而且過去一段時間以來，他們都未能在我身上找到什麼病菌」。經過反覆幾次檢查結果都是陰性之後，黑爾麥爾斯的醫師決定他可以在七月底返回巴恩希爾，「當然我有很長一段時間都得過著半病廢的生活，或許最長要到一年。」他這樣告訴摩爾，「不過沒關係，我已經很習慣在床上工作。」沃伯格聽說歐威爾的健康有所改善，也知道他寫給森豪斯信上的內容，便決定是時候稍微來催個稿，他在七月中的信中提到自己聽說歐威爾在修稿「當然特別開心」，畢竟這是「目前以你的狀況而言，在活力許可的時候所能進行唯一的工作」，而沃伯格所聽到關於小說內容的訊息，讓他相信這本書一出版就能夠大受歡迎，但是最重要的是，這本醞釀中的暢銷書作者不應該分心而忽略了最要緊的任務，「不應該為了寫書評或其他各種工作而

擱置了小說，無論那些工作有多麼誘人，我絕對會付給你更多酬勞，遠超過你從事其他活動所能賺取的報酬」。如果歐威爾能夠在年底完成修改，那麼就「相當令人滿意」，這樣塞柯就可以在一九四九年秋天出版，「不過其實從你的文學生涯這個角度看來，能夠在年底完成相當重要，若是有可能的話最好能更早。」沃伯格懇求道。大概一天後，歐威爾耳邊迴盪著這席奉承之語回到了朱拉島。

歐威爾的朋友寫起他在生命最後十八個月的時光，想起後來的結果，難免總帶著十分感傷的色彩。例如沃伯格在自己第一次讀到《一九八四》書稿的二十多年後出版了回憶錄，在第二集中寫道「朱拉島就是歐威爾想去的地方，那是他的聖地麥加，這匹孤狼在這裡得以孤獨，他在這裡可以為了創作《一九八四》與死亡天使拔河」。歐威爾真的認為自己快死了嗎？這對他的寫作又有何影響？黑爾麥爾斯醫院的團隊在一九四八年夏天讓他出院時，認為他有好轉，因為在他肺部已經沒有發現結核桿菌。朱拉島上的朋友記得在七個月前離開島嶼的是個形容枯槁的幽靈，他的健康發展狀況讓他們印象深刻。不過這一切都不代表歐威爾注定

能好起來，因為感染結核桿菌讓他的肺部纖維化，暴露出肺部動脈，相當危險，所以他必須受到極好的照顧，需要一段安靜而且能休養的恢復期，理想的情況是可以長時間臥床靜養，避免壓力及情緒波動。自然，歐威爾身為歐威爾，這些正是他絕對不會讓自己擁有的。

巴恩希爾的訪客絡繹不絕，有些是過來避暑，也有過來幫忙朱拉島的收穫季節，留宿的訪客還一度多到必須在庭院裡搭帳篷。歐威爾的醫生警告他要避免身體勞動，因此大部分時間只能待在臥室裡久坐，「我只有半天時間能夠站起身來，」他向摩爾解釋，「而且什麼工作都做不了。」不過他跟朋友們保證，自己覺得「好多了」，除非他又病了「或者發生這類的狀況」，小說就可以在十二月完成。沃伯格在九月初得知歐威爾「修改書稿已經進行到一半了」，而且身體也維持健康，接著在初秋時分就出事了，「**非常不舒服，每天晚上體溫都超過攝氏三十七．七度**」，九月中的一篇日記這樣寫道，「**身體不適，臥床休息**」，他在十月八日寫道，五天後則寫下了不祥的「**身體側腹痛得很厲害，時好時壞**」。

這次復發最有可能的原因，似乎得回到格拉斯哥接受黑爾麥爾斯專科醫師的

X光檢查，當然，歐威爾告訴大衛．艾斯托，負責治療他的主任醫師迪克醫師（Bruce Dick）對檢查的結果相當滿意，不過「這趟旅程真是折騰」。在此之後的日記就一天天變得越來越不樂觀：「**身體側腹痛得很厲害，時好時壞**」（十月十六日）；「**下午及晚上都很不舒服，無疑是出門的緣故**」（十一月六日）。只是歐威爾也一如往常輕描淡寫地形容自己感覺有多麼糟糕，他寫給倫敦友人的信件中坦白說出自己的情況惡化得有多快，他解釋說自己可以工作，但大概也只能做這件事，他在十月底跟朱利恩．西蒙斯說自己就連走個八百公尺都會覺得不舒服。兩週後，他向安東尼．鮑威爾抱怨說自己就連「在花園裡拔起一根雜草」都沒辦法，他們已經在討論冬天時要回到本島的療養院，甚至乾脆離開英國。「或許我可以出國，」他大膽向西蒙斯提議，「不過這趟路可能會要了我的命。」

在這些情況下，想要完成這本書的渴望變得更為強烈，同時也比以往更加令人困擾。歐威爾著急地想要完成書稿的修改，似乎一直擔心自己匆忙完成需要時間與沉澱的工作，結果會辜負自己的期望。他一想到就開始苦惱，自己「從一九四七年六月便開始構思這本書」，他對鮑威爾哀嘆道，「現在卻是一團慘不忍

睹，一個好好的點子就這麼毀了，但是我確實也病重了七、八個月」。他現在病得很重，不過決心要在身體變得更糟前將手稿寄給沃伯格，在十月底前他告訴摩爾，書已經將近完成了，不過同一天寫給沃伯格的信上仍說「天可憐見，我有望在十一月初寫完這本書，而且我不太想要自己打字，因為在床上做這件工作很彆扭，而我大半時間都還是得待在床上」。至於對書中內容的評價：

我並不滿意這本書，但也不是完全討厭……我認為這個點子很好，但是若能在不受肺結核影響的情況下寫作，應該能寫得更好。我還沒完全決定書名，還在《一九八四》和《歐洲的最後一人》之間猶豫不決。

大約在十一月初某時，歐威爾看著窗外灰濛濛的朱拉島天色，他總是看著來回翱翔的海鷗與鵟鷹而入迷，此時他做了決定，書名要叫做《一九八四》。不過那封寄給沃伯格的信卻透露出某個問題，或許可以說縮短了歐威爾的生命。他寄信的那一天也發了一封寫著緊急要求的電報：沃伯格是否能幫他找個祕書，能夠

準備好出發到朱拉島來，並且在他的監督下將手稿重新打字？他一週後跟摩爾解釋說：「這件工作很累人，尤其我又虛弱到沒辦法長時間坐在桌前，而且不管怎樣都沒辦法在床上進行，但我大半天都得臥床。」另外一方面，他也不能寄出書稿，「因為稿子內容實在太混亂了，除非有我在旁邊解碼，否則根本讀不懂」。摩爾能幫忙嗎？他們忙了兩週，努力想找一位打字員，能夠準備好從倫敦或蘇格蘭本島出發，預估要在朱拉島待兩週，而且工作條件還包括要忍受兩趟海上航程以及眾多附帶的不便之處。羅傑．森豪斯告知自己當時住在蘇格蘭的姪女（「她辦事很俐落，愛丁堡的人她大多數都認識，反正她知道怎麼找到適合手上這份工作的人選」），摩爾找到了兩名可能的人選，但是這位俐落的女孩正四處忙著找人他便沒有馬上談妥。到頭來沒有人能夠做這份工作，歐威爾便在十一月中向鮑威爾回報說，他決定自己接下這份「棘手的工作」。

如今歐威爾無法在巴恩希爾的花園裡走動，除了他如今正著手進行的工作之外，沒有什麼活動能夠盤算著要惡化他的健康，而這件工作就是要讓他在床上坐起身，打開一臺運作不太順暢的煤油暖爐，沐浴在其熱烈的目光中，一根接一根

抽著手捲香菸，然後彎腰俯身在一臺即將解體的打字機前，就著自己塗塗改改的手稿打出一份整齊的書稿再加上兩份碳式複本。他原本可以等到春天再開始這份工作，為什麼他要冒著摧殘自己肺部的風險決心完成？不只一位評論家都對歐威爾為了完成《一九八四》而加諸在自己身上的考驗感到驚懼，提出了歐威爾的「宿命論」論點（或者其他類似的名稱），或者就像他的出版商曾經說的，認為「他可能因為完全輕忽了自己的病情而害死自己」。沃伯格敘述起一九四八年最後那幾個月的回憶，針對自家這位明星作家的動機有十分條理分明的分析，他認為歐威爾信奉斯多葛學派的禁欲主義，「他認為可以忍受的事情對許多人來說可能會覺得十分無法忍受」。歐威爾的一位朋友詢問索妮雅．布朗威爾，為什麼他不乾脆帶著要打字的書稿南下過冬並讓專業人士幫他打字，她也提出類似的論點：

喔，喬治非常清楚他大可以到倫敦來找個能幹的祕書，不過從他看事情的角度而言，離開朱拉島實在不是他的選項，這麼做可能會顛覆他對自己整個

人的自覺，而他並不想面對。再說，他這一生都在忽略病痛，總是忍到病情已經太嚴重的階段，屆時他才會上床休息等著身體恢復，就像他一直以來的作法。

他坐在床上伏身在打字機前工作了一個月，同時還得忍受大西洋的寒風敲打著他的窗戶，還不能說他此舉是無意識地試圖自殺，這倒是歐威爾行為習慣的經典例子，也是沃伯格和索妮雅．布朗威爾所發現的，他並不理解自己需要提高警覺，也不喜歡必須像個無行為能力的人過活。據沃伯格的說法，歐威爾從黑爾麥爾斯回來之後就跟著發病，這只是他未能妥適照顧自己的結果，以這次的狀況而言，他就像忘了在格拉斯哥所有旅館都客滿的時節先預訂房間，結果只能扛著沉重的行李從這一條街拖著步伐走到下一條街。

就這樣，打字持續進行著。打字稿已經完成將近一半，歐威爾在十一月二十二日告訴沃伯格，他可以在十二月初就做完。六天後，他寫信給第一任妻子的嫂嫂葛雯．歐修內西（Gwen O'Shaughnessy），請她推薦一家療養院讓他能夠度過

最嚴寒的冬天。如今打字已經大致完成了，歐威爾寫了一封信給摩爾，口氣一貫地妄自菲薄，他擔心經紀人找來打字公司是自找麻煩，並且認為「實在不需要花費這麼多心思」。接著在十二月四日，他終於衝過了終點線。「我已經寄出兩份新書的手稿給你，還有一份給沃伯格。」他告訴摩爾，還在信件最後客氣地詢問，「或許你收到的時候可以通知他們，因為郵寄過程總是有那麼一點出錯的可能」。他在十二月七日記錄日常的日記中提到早上下了一點雨、海面平靜，愛芮兒牽了一頭巴恩希爾的豬到屠夫處，宰殺之後帶回好幾塊豬油，而最後也記下了作家「**覺得非常不舒服**」。

事實上，他整個人的身體完全垮了，只能待在床上等著葛雯捎來訊息推薦他幾處療養院，他告訴友人托斯可．費維爾（Tosco Fyvel）自己最有可能的去處是在格羅斯特郡的克蘭漢（Cranham）（「小艾的身體根本稱不上康復，他在一、二月要去接受更多治療。」同樣擅長忍耐的愛芮兒這樣告知自己的姊夫，還說「他才剛寫完書，他已經為此忙了十八個月，所以我想他的頭腦總算能放鬆了。」）這時打字的折磨所造成的後果開始湧現，「我真的病得很厲害。」他對費維爾坦

承道，他兩個月前就該動身前往南方了，「但是我就是得完成手上正在寫的這本書」。不過他仍然擔心著自己承諾要交出的書評（「後者我在接下來幾天就會寫完並寄出，」他告訴大衛・艾斯托，「不過另一篇以我目前的狀況實在沒辦法。」）。他表示「我覺得自己無論如何必須停止工作，又或者說試著工作，總得一、兩個月」。最後一篇日記的日期是從聖誕夜開始（「到處都飄著雪，有幾朵鬱金香開花了，也有幾朵壁花還在努力綻放。」）。新年剛過不久，他在理查・瑞斯的陪同下搭火車前往南方，而就在幾百公里外的地方，《一九八四》的書稿就躺在沃伯格書桌上。如今不管歐威爾會發生什麼事，他的工作完成了。

6 歐洲的最後一人

在倫敦，這本小說有了第一批讀者。「這是我所讀過最可怕的書。」驚懼不已的弗瑞德・沃伯格在一九四八年十二月十三日一篇記錄詳盡的公司內部備忘錄中如此說道：靈感來源或許是傑克・倫敦的《鐵蹄》，「不過就真實性與驚嚇程度來說，他大大超越了這位不足一提的作者」。冷戰期間的情勢演變快速，沃伯格就跟許多研究者一樣認為《一九八四》只有一個目標，對國內的讀者而言具有重大的意涵：「書中描述的是最高等級的蘇聯，有一個永遠不會死的史達林，還有一隊擁有各種現代科技裝置的祕密警察。」沃伯格提議「應該可以將之描述為一本恐怖小說，若是授權了也可以拍成恐怖電影，大概可以在未來一千年內讓所

有國家對共產主義保持警戒」。另外還要注意的是，大洋國的意識形態基石英社黨顯然是「英國社會主義」的縮寫，因此他相當注意這本小說或許會被用在什麼樣的政治宣傳用途。「看來這就是歐威爾與社會主義最終的決裂了，不是倡導平等與人人一家親的社會主義，因為歐威爾顯然再也不期待社會主義政黨能夠做到這些，他屏棄的是馬克思主義以及管理革命的社會主義……很可能會讓保守黨贏得幾百萬票。」更重要的是，保守黨有位領袖的名字就和小說主角的受洗名一樣都是溫斯頓．史密斯。

沃伯格對這本小說既是驚嚇又充滿熱情（「這本書很棒，只是但願接下來幾年我可以不必再讀到類似的作品」），不過除此之外，他對本書的摘要中還有幾條相當有趣的潛臺詞。首先，他認為《一九八四》是最終會發展成三部曲作品當中的第二本，就像是《動物農莊》的真人版本，並且期待第三本小說能夠「提供另一邊的故事」。第二，其中透露出他認為歐威爾的疾病影響了他的心智狀態，無論是多麼間接的影響。溫斯頓與歐布萊恩的會面（「他的宗教大法官」）讓沃伯格想起杜斯妥也夫斯基（Fyodor Dostoevsky）：「我忍不住要想著這本書只能

夠出自一人之手，他曾失去希望，儘管只是轉瞬即逝的念頭，再加上身體因素，這點也相當明顯。」話鋒一轉談到了這本書的商業價值，沃伯格堅持最好能夠盡快出版，理想的時間是一九四九年六月，他將書稿交給另一名同事大衛・法拉爾（David Farrar），法拉爾也同樣很看好，稱歐威爾做到了H・G・威爾斯從未能夠做到的，那就是創造出一個如此真實的幻想世界，讓讀者在乎書中角色所發生的事情。他們認為這本書一定會大賣，同時也能獲得書評盛讚（「我們當然是不能一下就印五萬本，不過下個月左右應該就能辦到，所以得考慮至少是否要印一萬五千本。」），據法拉爾的說法，他們兩人一致認為這本小說「睥睨群雄」，他們所需要做的就只有將這本書帶到殷殷企盼的大眾眼前。

歐威爾聽到這些稱讚也只是一貫不置可否的樣子，他寫了一封信表示收到了沃伯格一連串的讚頌，是他臥床在巴恩希爾時所寫的，一直到了第三段才寫出自己很高興出版商喜歡這本小說，同時認為「我不會冒險下注賭這本書能夠大賣」。歐威爾在生命中的最後幾年一直就是如此，再加上友人有時也認為他就是一個宿命論者，讓人無法確認他究竟如何看待自己，又或者他想像的未來會如何

發展。在同樣這封信中，雖然他坦承自己的身體已經完全虛脫無力、需要休息，同時也說自己靜不下來，即使如今他才剛經歷過一年半的辛勤工作，健康也衰退到無法挽回的地步，他腦中卻已經開始構思下一本書的計畫（「我正努力要寫完零散不全的書評等等文章，然後就必須停工一個月左右。我目前不能再繼續了。我腦中有一本短篇小說的絕佳點子，已經醞釀好幾年了，但是若無法擺脫高燒等問題，根本什麼都開始不了。」）。歐威爾真的相信自己只要休息一個月就能康復嗎？或者他只是不願意認真面對自己的情況有多麼危急？

無論答案是什麼，我們都不能忽略這本書出版時的情況，整個出版過程大部分都是躺在醫院病床上進行的（至少在作者這一方是如此），校對稿就散落在體溫紀錄表旁邊，編輯會議也是透過信件進行，而非靠電話或者親自去一趟塞柯在倫敦的辦公室，根本也不必考慮作者是否還能接受訪問及見面會來宣傳新書。歐威爾的疾病讓他必須避開正常的出版行銷方式，只要舉一個例子就能看出這點：在歐威爾資料庫中有一件藏品是一個小珠寶盒，裡面放著幾張紙片，上頭是歐威爾的簽名；一般認為這些是要用在小說的公關書上。在歐威爾的所有作品中，

《一九八四》的簽名版本是最為稀有的，一個主要原因就是作者此時待在科茲沃德（Cotswold）的療養院臥床不起，只能簽的不過幾本書。

歐威爾在一九四九年一月第一週抵達克蘭漢，這家療養院位於格羅斯特郡山丘之上，地處偏遠，而且無論開車或者大眾運輸工具都難以到達。安東尼·鮑威爾與馬爾科·蒙格瑞奇選擇從最近的火車站走路過去，結果發現自己來回就走了將近二十九公里。看到這位病患的人都會同意他的狀況並不樂觀，「我希望這可憐的傢伙能好起來。」布魯斯·迪克是他在黑爾麥爾斯的主治醫師，曾這樣告訴大衛·艾斯托，「如今看來他必須要住在療養院，待在照顧得最無微不至的環境中，恐怕朱拉島的夢想只能化成泡影了。」托斯可·費維爾和他的妻子在新年過後不久就去探望歐威爾，認為他「十分孱弱，面容枯槁且如蠟般蒼白」。隨後沃伯格夫婦也去探病，看見他的樣子都嚇壞了，「我想他大概活不過一年了。」這對夫婦出發返回倫敦時，潘蜜拉·沃伯格（Pamela Warburg）便這樣對丈夫說。這座療養院本身似乎相當陰沉：病人蜷縮在小木屋、生活簡樸，而且醫療人員也完全不足。沃伯格發現，歐威爾都已經入住兩週卻還沒看見主治醫師，就連胸膛上

也沒感覺過冰冷的聽診器：歐威爾告訴憂心忡忡的朋友，他想醫師們知道自己在做什麼。

同時，《一九八四》的出版正如火如荼進行。沃伯格已經探詢過英國各家書商的意見：幾乎每條回覆意見都符合他的直覺，這本小說的銷售一定會空前成功。「我知道這本書一定大賣。」蒙格瑞奇在自己的日記中坦白說道。蒙達多利出版社（Mondadori）已經買下了義大利文版的翻譯權利，歐威爾的美國出版商哈考特布雷斯出版公司（Harcourt, Brace and Company）也跟沃伯格一樣滿心期待（「這是我擔任編輯以來所做過最有趣、最知名的一本書。」負責美國版發行的羅伯特．吉魯〔Robert Giroux〕回想道）。歐威爾坦承自己非常開心，不過一如往常，他更加擔心可能會出現實務上的差錯。他在一月底前告訴摩爾，自己並不想更動文字，但是很擔心如果美國一方搶在沃伯格之前出版，那麼應該將校對稿寄給他親自來校，儘管在正常情況下這只是例行公事，但過了一週他還在煩惱這件事情，「我想應該不會發生這種事，」他告訴理查．瑞斯，「不過萬一我真的非常不舒服而無法校對稿件，你想你能幫我做嗎？畢竟書裡有很多新名詞，一定

會出現許多愚蠢的印刷錯誤，而且美國的排版工人應付起來又很累人，他們老是覺得自己懂的比作者更多。」

這位作家對自己的書有何看法？歐威爾自我批評的能力有時候似乎有點荒謬過頭了，例如塞柯與沃伯格最近著手進行的歐威爾作品全集中，便拿掉了《牧師的女兒》（歐威爾形容這本書「亂七八糟」）以及《讓葉蘭飛揚》，他向一位朋友解釋說因為這兩本書當初只是寫來賺一百英鎊的預付稿費。一九四九年初，他寫了好幾封挖苦的信件貶低《一九八四》的價值，「我寫了一堆廢話，真的，部分原因大概是我幾乎整段寫作的時間都在生病。」他這樣對美國雜誌《政治》（*Politics*）的編輯杜懷特．麥可唐諾（Dwight Macdonald）說，「等我的新書出版了我會寄給你一本……但我不期望你會喜歡，這本書真的很糟。」兩週後美國版的校對稿寄來了，他對美國排版工人最可怕的懷疑便成真了：整本書充斥著拼字與標點的不一致，而且所有度量衡單位都改成了英吋和碼。「我已經發電報去表達強烈的不滿，」他告訴英國編輯羅傑．森豪斯，「但我不喜歡待在自家打這場四千八百公里之外的戰爭。」

三月八日，沃伯格寫信告知歐威爾最新的進度，並主動說這本書將會在六月十四日出版（結果是八日就出版了），《倫敦標準晚報》已經選了這本書為六月選書，書商協會（the Book Society）的選書委員會也做出同樣選擇。戰後的英國出版產業仍為紙張短缺所苦，不過塞柯仍然想辦法買到了足夠的紙張應付首刷兩萬五千本，而且若是銷售如他們所預期的熱賣，還能再刷一萬本。不過在收到這消息以前，歐威爾的健康狀況急轉直下，幾天前他寫信給希莉亞·科宛時只能草草結尾，寫下「我感覺很不舒服，不能再寫了」。三月底時他開始吐血，他跟沃伯格說專業術語是**咯血**，然後就被禁止使用打字機。他稍微有些起色，不過向瑞斯坦白說自己「大多數時間都覺得很虛弱」，即使是現在，他對自己未來可能會如何，看法也是幾乎每天都在變，四月十四日一封寫給羅伯特·吉魯的信上描繪著樂觀的前景，說自己「夏天結束前就能出院了」，而且已經「規劃出我的下一本小說」，但是才過了二十四小時，又告訴托斯可·費維爾他已經「病得很嚴重」，而且「除非我的健康狀況能夠有個確切的結果，否則無法做什麼計畫」。

整個初春，除了醫師的報告之外就是來自出版商的連番消息。美國每月之書

俱樂部雖然很希望能夠將《一九八四》選為夏季選書，卻希望能做些修改，尤其是拿掉引自艾曼紐．葛斯登《寡頭集產政治主義的理論與實踐》的大段引文。歐威爾的立場很堅定，如今發現自己的固執也有好處。「我不知道自己最後能淨賺多少，」他跟瑞斯說，「不過總之這應該夠付清我欠繳的所得稅。」這麼說可是嚴重低估了，若能入選每月之書俱樂部的選書，基本上就能保證讓作者賺進超過四萬英鎊，假如歐威爾還能活著，他就能當個有錢人。不過他能活下來嗎？他在四月中寫的幾封信都顯示出，他已經為了自己的死亡在做規劃，他寫信給瑞斯討論每月之書俱樂部的提議時，也提到如果事情很不樂觀（「當然我們希望不會，只是總得為最壞的狀況打算。」），希望瑞斯可以「在我面目太過可憎之前」先帶理查來見他。一週後他又寫了一封長信給葛雯．歐修內西，討論扶養理查的問題：如果這孩子將要成為孤兒，希望她和愛芮兒能夠討論出對這孩子最好的方式，歐威爾將感激不盡。「我相信這一切不會來得很突然，暫時還不會。」他向她保證。

第一本《一九八四》在四月二十二日送到，讓作者有些驚訝。「現在就能拿

到樣書似乎非常早。」他告訴沃伯格。不過他很喜歡書衣，是由沃伯格手下一位年輕的學徒麥可．肯納德（Michael Kennard）設計，也喜歡整體的包裝，並提了六、七位文壇名人，或許可以寄樣書給他們，包括了T．S．艾略特（T. S. Eliot）、亞瑟．庫斯勒以及安德烈．馬爾羅（André Malraux）。寫給沃伯格的信中仍說自己「多少有好轉」，至少在天氣好的時候已經能夠坐在室外的休閒躺椅上；不過十天後在寫給來信邀稿的美國編輯信上，他稱自己「病入膏肓，而且完全無法工作」。一週後寫給大衛．艾斯托的信中內容即使以歐威爾的標準來看都相當慘澹（「我狀況很糟糕……真的非常糟糕」）：如果說為《觀察家報》撰稿的艾斯托正一心一意把報導文章改寫成訃聞，歐威爾也不會吃驚。至於長期的預後，「看來我的下半輩子就算不是真的得待在床上，大概也是洗澡要坐在沐浴椅上的程度了。」他這樣告訴安東尼．鮑威爾，並繼續說，只要他還能工作就能忍受一切，「眼下我什麼都不能做，就連書評都寫不了。」

沃伯格的眼前放著印刷完成的新書、銷售也正醞釀著即將大賣，寫信時除了振奮人心的好消息之外也關心著這位明星作家的狀況，「我應該要先報告進

度，」他在五月十三日寫道，「不過首先我真心希望你的健康狀況不會太嚇人。」接著他繼續說，除非塞柯是住在幻想的世界中，否則看來這本書將會「大熱賣」，預售已經達到一萬一千本，而當時文學小說的平均銷量通常只有兩、三千本，「各種細微跡象似乎都顯示出，這就是人們一直等待的那本書」。沃伯格信心大增，準備將出版日期提前一週改為六月八日，因為溫斯頓・邱吉爾所著二戰三部曲的第二集《榮光時刻》（*Their Finest Hour*）訂在六月二十七日出版，這樣能夠搶先多賣一段時間（「他的書當然都會大賣……而我們認為最好能盡量搶在他的書出版前，好好且隆重推出你的新書，這件事相當重要。」）。

回到格羅斯特郡，歐威爾做了一個重要的決定。沃伯格夫婦四個月前來探望的時候，懇求他去給安德魯・莫爾蘭醫師（Dr. Andrew Morland）看病，莫爾蘭醫師是過去在一九三〇年代曾經治療過他的專科醫師，並且自告奮勇代為安排。當時，歐威爾還是一貫地不願意大費周章，於是拒絕了他們，不過五月十六日終於決定要接受他們的提議。他解釋是因為自己的身體十分虛弱，就連走到X光檢驗室、在螢幕前站起身來都沒力氣，他詢問過直接負責治療他的柯克曼醫師（Dr.

Kirkman），問她覺得自己能不能活下來，她卻只說她不知道。在這樣的情況下，等到他終於能夠做胸部X光檢查時便想聽聽別人的意見。「他們什麼都不能做，因為我也不適合動手術。」因為信件從沃伯格家寄到克蘭漢，然後又從克蘭漢寄到莫爾蘭在哈利街（Harley Street）的診療室，拖延了一週才有結果，五月二十四日，莫爾蘭終於前往格羅斯特郡去進行檢查。

結果並不如沃伯格所擔心的那麼悲慘，莫爾蘭回報說左肺染病的程度嚴重，右邊則相對輕微一些，若是病人好好休息應該能有改善，不過也有可能經過幾個月之後，他的病況會「有停滯或者復發」，莫爾蘭只有一點相當堅持：「如果他不願意努力讓身體康復，反而還決定要繼續寫書，那麼幾乎肯定很快就會再發病。」這種病不可能完全治癒，不過理想上歐威爾或許能夠達到所謂「良好慢性」的階段，在完全退休的狀態下還能四處走動、每天工作幾小時。莫爾蘭相信歐威爾目前的狀況完全是因為他在一九四八年冬天拚了命想要完成《一九八四》：「他的抵抗力一定相當好，因為他去年的病情還算穩定，若不是他蠢到過度勞累，身體也不至於會垮掉。」這位病人在同一天寫信給沃伯格，認為莫爾蘭

「人非常好，而且很會幫人打氣」，但是也已經擔憂起未來要面對長時間的療養，他對出版商坦白說真正讓他困擾的是「我對明年毫無準備」。即使每月之書俱樂部的大筆酬勞即將入帳，欠繳的稅款也繳清了，他未來的財務無虞，歐威爾身為職業作家，仍然害怕休養會打斷自己創作的思緒流動。

此時距離《一九八四》的出版只剩下幾天了，出版圈內已經四處流傳著這本書主題十分駭人的傳聞。蒙格瑞奇在自己的日記中說，沃伯格表示有幾家拿到樣書的書商被嚇壞了，晚上都無法入睡。蒙格瑞奇也搶先讀了書稿，認為這本小說「很令人反感」，跟日常生活以及「可能發生的事情」都沒什麼關係，但是他也很快發現這麼評論並不正確。最早讀到這本小說的讀者大部分都感到相當震撼，包括書中內容的可信度、與自己所認知世界的緊密連結，還有能夠將自己身邊的生活元素描繪成一幅未來感的噩夢，其中也包括了沃伯格，他坦然承認自己一開始對這本小說所認知的想法簡直大錯特錯，歐威爾在一九四七年初最早提到這本書的構想，說是「一本以自然主義形式書寫的幻想小說」，他還記得自己當時有些失望：「有關烏托邦或反烏托邦的小說都不是我最喜歡閱讀的題材，大眾也不

喜歡。」如今他和一群搶先讀到內容的讀者都忙著撰寫評論，因為他們發現躺在自己書桌上的這本書並不像是赫胥黎的《美麗新世界》，而是一本真實到恐怖的小說，描寫出在極權獨裁統治下的倫敦。

小說在書店上架的一週前，沃伯格寫了一封信讓歐威爾安心，信中既有出版商對自家重要作家是否能夠繼續寫書的焦慮，也有出自朋友的明確關懷，只要歐威爾遵照醫囑不要過分勞累，莫爾蘭醫師的報告看來相當樂觀；另一方面，沃伯格也提醒他：「你的未來還是很有希望，到了某個階段，不必等太久，你就能安心地每天寫作幾個小時。」不過沒有人能夠騙過肺結核，醫生表示在他完全康復之前，都不應該再回到工作崗位。沃伯格繼續說，有太多人都希望他能好好活著，自然包括理查，同時還有「你的讀者，我希望這個數量很快就能增加到成千上萬」。評論尚未揭曉，而塞柯與沃伯格出版社很快就「能夠大略預估銷售可能性」，不過一切跡象看起來都很好。沃伯格知道歐威爾長年以來都為金錢而煩惱，因此最後也刻意強調這點，繼續說他相信「你在英國能賺進大筆版稅，而且在美國無疑也是，比《動物農莊》所賺的錢還多，扣完稅之後肯定還夠你用上三

年或更久，甚至還足以付清你在療養院接受治療的高昂費用」。陸續還會出版更多書，例如在一九五〇年秋天就會出版一本再版文集，到那時候歐威爾應該就已經康復得差不多，可以開始寫下一本書，因此未來就有了保障，或至少是其中一部分。《一九八四》將會空前的成功，那一年所出版的書籍沒有比這本書更貼近戰後世界的樣貌。如今財務已經有了保障，歐威爾所要做的就只有活下去。

一本書能夠在全球暢銷，這個過程中總會迎來某個時刻，這本書脫離與本土聯繫的繩索，不再與寫作本書的作者有密切關連，持續飛行進入更高的平流層，發展出自己的生命。對某些書而言，這段過程可能要花好幾年、甚至幾十年才會開始，不過以《一九八四》來說，似乎是從一出版就馬上開始了。正如沃伯格的預測，這本小說馬上就獲得了成功，絕大多數評論者都讚譽有加，大眾讀者也急著想入手，書店湧入了幾千人。大多數英國評論者都同意，這本書的力量在於偏離了H·G·威爾斯、阿道斯·赫胥黎的反烏托邦幻想小說傳統，歐威爾並未設計出一個遙不可及而永遠不可能實現的世界，只是將自己觀察到周邊世界可能發

展出的傾向描繪出來，「無疑的是，他希望能夠藉此避免自己的預測成真。」歷史學家維若妮卡・威治伍（Veronica Wedgwood）在《時代與潮流》這本文集中寫道，「歐威爾先生在他所寫過最珍貴、最有力的一本書中寫下這樣的紀錄。」

《新政治家》雜誌（*New Statesman*）的V・S・普契特（V. S. Pritchett）讚揚這是一本「政治諷刺宣傳小冊」，重要性堪比諷刺文學大師史威夫特（Jonathan Swift），同時毫不留情地挖苦「絕對權力的道德淪喪」。有些人會抱怨書中的刑求段落（「灑狗血」、「幼稚」），不過大多數評論者都會同意朱利恩・西蒙斯的結論，認為這本書具有普世的重要性，寫作的「作家所處理的是這個世界的問題，而不僅僅是描述個人內在不斷增長的痛苦」。其中有如預言般的提醒更是大受好評，英國哲學家伯特蘭・羅素（Bertrand Russell）認為，這本書描述出「非常有力的場景，寫出任何一種穩固的極權政權會帶來的恐懼，重要的是西方世界應該要了解這樣的危險」。英國作家蕾貝卡・韋斯特（Rebecca West）將《一九八四》選為自己的年度選書，認為這本書「成功描繪的不只有一連串情境，還能敘述各個角色身處其中會如何應對」，同時還有成功的論點，認為極權政權的成長

扎根於宗教信仰的崩毀。《天主教先驅報》（*Catholic Herald*）稱其最重要的一項成就便是「分析成功的極權世界能夠順利運作的潛在動機……對權力的欲望」。歐威爾直搗極權主義心理的核心，最後「回到歷史的原點，也就是天使的墮落、人類的墮落」。

隨著文壇中人陸續捎來表示欽慕的訊息，書也跟著大賣，塞柯首刷就印了兩萬五千五百七十五本，接著二刷也印了五千五百七十本，然後追加五千一百五十本。美國的哈考特布雷斯出版公司首刷從兩萬本開始，接著有兩次加印各一萬本；美國每月之書俱樂部的版本在七月出版，只十八個月再長一點的時間就賣出十九萬本。到了初秋，西班牙文版、瑞典文版、日文版、法文版和丹麥文版都在籌備當中，德文譯本則是發表在新近成立的知識月刊《月份》（*Der Monat*）。同時，美國對這本小說的狂熱持續發燒，很快就出現了全國廣播公司（National Broadcasting Company，縮寫ＮＢＣ）的節目介紹、《讀者文摘》的濃縮版，還有百老匯改編劇本的提案，歐威爾並沒有反對，「只是我不覺得這本書適合搬演到舞臺上」，但另一方面他也頗有先見之明地表示：「我想這本書應該可以拍成電

影。」

《一九八四》有一部分的成功要歸功於這本書出現時的政治背景：一九四〇年代時競爭激烈的意識形態景象，其中由德國法西斯主義所代表的暴政形式似乎已經被蘇聯共產主義所領導的另一版本取代，保守黨人士喜歡這本書是因為內容確認了他們對史達林最可怕的懷疑，當時在英國的工黨中至少潛藏著十幾位「共產同路人」國會議員，他們聽命於在國王街上的共產黨總部；而傾向民主的左翼人士喜歡這本書，則是因為能夠讓人注意到專制政府管理著集中經濟的某些危險，並且揭露出極權主義者對客觀事實這個概念的侵害。貶低這本書的人通常都是明確公開的共產主義者，例如左傾的英國週日報紙《雷諾新聞》（*Reynold's News*）上的評論，堅持這本書的目的只是為了激起對蘇聯的敵意，並且將作者定位為工黨的「瘋狂極端分子」。

不過這一切都忽略了這本小說讓第一批讀者打從內心感受到震撼，不僅如此，冷戰已經進入第四年，東歐國家的各個議會都有蘇聯的傀儡政權，《一九八四》碰觸到了一條意識形態的敏感神經。同時，這本小說也重重影響了上千名讀

者的想像力，一段注定無望的愛情、對於語言崩壞的辛辣分析、探索人類最深層的心理，還有反烏托邦的恐懼世界，歐威爾的小說中包含了這一切，而且還有更多：充滿未來感的華麗高樓大廈勝景、不停盤旋的直升機，而且其中的人物就算待在一九四八年飽受轟炸的倫敦街頭，完全不會感到格格不入。最早讀到《一九八四》的許多讀者都留下紀錄，描述這本書如何影響他們，包括大衛・普萊斯－瓊斯（David Pryce-Jones），他是《泰晤士報文學增刊》編輯的十三歲兒子，他很開心地讀過他父親所拿到樣稿，馬上請求學校的圖書館員買進這本書，另外還有約翰・多斯・帕索斯，他寫信告訴作者自己「讀著讀著就打起冷顫，自從我小時候讀到史威夫特描寫的雅虎族（the Yahoos）*[9]後就不曾這樣，接下來整個禮拜都做著跟雙向電視有關的噩夢」。

歐威爾是如何看待《一九八四》的成功？他當然很高興這本書受到歡迎，不

9 譯注：雅虎族是強納森・史威夫特在《格列佛遊記》（*Gulliver's Travels*）中所描寫的種族，外表雖然與人類相似，但行為卻粗魯無禮。

過也埋怨著他所謂「一些非常令人羞恥的宣傳」，同時他非常希望能夠回去繼續工作。沃伯格在六月中到克蘭漢探望他，又寫了一份長長的內部備忘錄給他的同事，最後一段的主題就是「寫作能力」。若要努力將腦中的構思轉化成草稿，歐威爾會有好幾個月都沒辦法做這項工作，沃伯格的報告這麼說。「最糟的情況是，他康復的機會是一半一半，還能活上數年。」他結論中說，「或許一切都要看他自己，至少他很明白其中的利害關係還有自己必須要做什麼。」在「文學創作」這個段落中，他提到一個計畫是「三萬至四萬字的中篇小說，這本小說是基於人物創造而非內容發想，以緬甸為背景。喬治自然還是像往常一樣沒說太多，但他確實透露出這些計畫」。

不過喬治正日漸衰弱，這本中篇小說後來被取名為「吸菸室故事」（A Smoking-room Story），所留下來的就只有一、兩頁筆記，描述一個叫做柯利・強生（Curly Johnson）的年輕人，在一九二〇年代末搭著船從緬甸回到英國，就像歐威爾自己二十年前的經歷一般。莫爾蘭在五月底評估過他康復的機率，曾警告過他或許有「停滯」或復發的危險。接下來六個月內，他的狀況緩緩惡化，無論

如何醫療照護都無法減輕症狀。「今天晚上我又讓莫爾蘭過來看我，」他在八月二十二日寫信給沃伯格，「我的狀況時好時壞，覺得身體完全衰敗了，體溫也上上下下，不時還會發起高燒。」兩週後，他搭上私人救護車回到倫敦，住進莫爾蘭在倫敦大學學院的私人診間，同樣這封信上也提到歐威爾想要「再婚（與索妮雅），只要我還能有幸再次踏上活人的領地。我想大家聽了都會覺得驚恐，不過除了有其他考量，我真的認為若是結婚了我可以活得久一點」。

消息一傳出去，歐威爾大多數的朋友對於他的第二段婚姻都是困惑大過於驚恐，他們幾乎不認識索妮雅，而認識索妮雅的人則還記得這位脾氣大、辦事俐落的年輕女子，她在康納利不在的時候是如何管理《地平線》雜誌的辦公室，不曉得這位新郎的熱情從何而來（「整件事聽起來有些驚人，也令人無法理解。」蒙格瑞奇在自己的日記中寫道）。不過看到她顯然對歐威爾十分鍾情，管理起他的事務也有條不紊，大部分的人便轉而支持他們。既然歐威爾根本不可能上教堂，儀式就在他的醫院病房中舉行，由大衛．艾斯托以「伴郎」的身分主持。一瓶香檳放在醫療器材當中顯得相當突兀。索妮雅的一位朋友記得當時的氣氛「相當淒

涼又有動人的感傷，看著那張掛著微笑的病容，我想自己眼裡已經泛著淚水」。雖然結婚讓歐威爾的心情開心不少，卻還是日漸虛弱，就連要幫他注射盤尼西林都很困難，因為他身上已經沒有多少無損的皮肉可以刺入針頭。他變得非常瘦，向希莉亞・科宛說「已經低於活人的標準了」。蒙格瑞奇在聖誕節當天與鮑威爾一起去探望他，覺得他看起來就像自己曾經看過的一張照片，那是德國哲學家尼采（Friedrich Nietzsche）臨死前躺在床上的樣子。原本有計畫要將歐威爾送到瑞士阿爾卑斯山的一處療養院，雖說阿爾卑斯山的空氣對他的肺部並沒什麼影響，但他們默默這樣希望著，主要的目的只是為了讓他過世時更好過些：在他死去的那一晚，醫院房間裡一角還放著或許是跟著他一起來的釣竿。

歐威爾在遺囑中交代他的葬禮儀式要遵從英格蘭教會的規範，並且將他葬入墓園中，不過因為他並沒有公開的基督教信仰或關連，這兩個要求都很難達成。最後，安東尼・鮑威爾和妻子找來了奧巴尼街（Albany Street）上基督教會的教區牧師來主持儀式，大衛・艾斯托則在牛津郡薩頓寇特尼村（Sutton Courtenay）的墓園找到一塊墓地，就在艾斯托家族房產的旁邊。這兩場儀式都在一九五〇年一

月二十六日舉行，這時已經開始刊出了訃聞，《新政治家》的普契特稱他為「當代寒冬中的良心」。處理他房產的過程也緩步進行著，賣掉了巴恩希爾的農舍，當時五歲半的理查則託付給姑姑愛芮兒照顧；索妮雅以「歐威爾寡婦」的身分過了三十年精采而到後來有些憂鬱的生活。這本書仍然如流星般劃過天際。

Part 3

成書之後

（一九四九後到永遠）

7 冷戰戰士

歐威爾早就知道《一九八四》會惹上麻煩，結果在這本書出版後短短幾天，從大西洋另一頭的第一波騷動就落在了他枕在克蘭漢病床枕頭的頭上。最早在一九四九年六月二十二日，便能發現他已經警告自己無政府主義者的友人維農·理查斯（Vernon Richards），他很擔心「有些美國共和黨的報紙試圖利用《一九八四》針對工黨做負面宣傳，但我已經發出了算是正式否認的聲明，希望能夠印出來」。如果說《紐約每日新聞》（*New York Daily News*）上的一篇文章敲響了作者心中的警鈴，那麼歐威爾與他的出版商也同樣不樂見《生活》（*Life*）雜誌上那篇圖文並茂的小說摘要，標題寫著「英國人寫出恐怖的諷刺小說，描述人類生活在

嚴密監控的左翼警察國家中，心智與靈魂都遭到控制的殘酷命運」，其中藏著一些政治意涵。這篇文章或許大可以解讀為是在攻擊英國工黨政府的克萊曼・艾德禮（Clement Attlee），他擔任首相的這四年來，施政重點便是全面實施經濟集中化計畫，特別是將私人產業納入國家的掌控。不過研究美國政治局面的人則注意到，雜誌為了服務比較熟悉本土的國內讀者，因此攻擊的範圍更廣，《一九八四》經過《生活》雜誌支持共和黨的老闆亨利・盧斯（Henry Luce）的重新想像，至少是隱約透露出小羅斯福總統（Franklin D. Roosevelt）所推動的全國工業復興法（National Industrial Recovery Act）基本上就是一種極權主義，尖銳抨擊了「在美國那些熱烈支持新政的人，他們似乎暗暗希望著一九三〇年代大蕭條所造成的心理氛圍永遠不會結束，因為那正是他們權力的來源，讓他們得以大膽實驗的藉口」。

「目前就右派人士看來，」政治記者佩里格林・沃索恩（Peregrine Worsthorne）曾稱，「歐威爾絕對不會有錯。」可以想見，《一九八四》在一九四九年六月甫一出版，便幾乎馬上在揮舞著宣傳旗幟的英美讀者間獲得傳奇般的地

位。雖然歐威爾此時的病況危急，仍然迫切想要糾正在美國右翼媒體上傳播的錯誤訊息，為此，在美國第一批書評出現之後一週左右，他指示弗瑞德·沃伯格發出聲明澄清流傳甚廣的流言，以為這本書是在預言四十年後西方世界的可能樣貌，其實歐威爾的觀點是「就把這本書當成一本戲仿作品，彷彿《一九八四》這樣的世界**可能**發生一樣」。危險就在強行加諸於左翼及右翼資本社會的結構，「因為認為有需要準備好與蘇聯展開全面性戰爭還有新武器，當然其中原子彈是力量最強大、名聲也最響亮的」，而從這有如噩夢般的情境所能得到的教訓很簡單：「**不要放任其發生，完全取決在你**。」第二篇聲明中則更加簡單明瞭總結了歐威爾自己的政治立場，這篇聲明是給全美汽車工人聯合會（United Automobile Workers Union，縮寫UAW）的會長，因為他想要推薦這本書給會員，不過需要作者消除自己對書中意識形態的疑慮。

> 我的小說《一九八四》**並非**意在攻擊社會主義或者英國工黨，而是想揭露集中化經濟可能會出現什麼扭曲的變化，而且共產主義和法西斯主義都已經

證明了這點。我並不相信我所描述的那種社會**將會**成真，但是我相信（當然這是因為這本書是諷刺小說）類似的情境**可能會**成真。我也相信極權主義的概念已經在各個地方的知識分子心中扎了根，我曾試過要將這些概念從他們邏輯思考的必然結果中拔除。這本書的場景設定在英國，是為了強調英語種族並不是天生比其他人優秀，若是我們沒有起身對抗，極權主義在什麼地方都能成功發展。

沃伯格的聲明雖然已經發給《生活》，卻並未刊登出來，盧斯和他的手下反而有辦法更進一步攪渾水，他們翻印了寫給UAW的聲明，讓這篇文章看起來像是歐威爾直接寫給雜誌的。同時，更有辨別能力的美國讀者已經了解到這本書並非只是反對共產主義，而是反對極權主義。歐威爾在一九四九年初秋從克蘭漢轉院到大學學院醫院之前，便與一些美國讀者有通信，其中一位是年輕的美國劇作家（後來成為暢銷小說家）西德尼．薛爾頓（Sidney Sheldon），他提議改編這本小說搬上百老匯舞臺。最後這項計畫無疾而終，不過薛爾頓原本決定要在自己的改

編加入反法西斯主義的傾向：歐威爾支持他的決定，也相當願意讓薛爾頓在原先的提案中給予改編相當大的發揮空間（八月底寄給李歐納・摩爾的信中提到「若是所有因為製作人等等的建議才在最後一刻做出的變更都得經過我的同意，那麼他一定會受不了。只要我能讀過初版劇本並認可就足夠了，前提是雙方要同意改編的大致方向不會有大幅改變」。）。許多小說家在作品即將被改編成另一種媒介時都會感到緊張，歐威爾也一樣，據他所說：「這本書的意義可能會嚴重變形。」不過薛爾頓相當了解書中的意識形態目標，這點似乎令他安心不少：「從他最近寫給我的信上看來，我想他不會想要這麼做。」

不過美國的保守派還有另一個未能理解《一九八四》核心論點的地方，若要說起來，英國保守派也是。弗瑞德・沃伯格在向同事簡介這本小說的時候，認為書中的訊息完全是悲觀的：「歐威爾不抱希望，或者至少他沒有留給讀者一絲如微弱燭光般的希望。」在報告的最後又重申一次：在仁愛部的刑求場景中，「歐威爾試圖要扼殺希望；不會有反叛，就不能有任何解脫」。對這位出版商而言，「歐威爾深入探討的方式讓我想起了杜斯妥也夫斯基，歐布萊恩就是宗教大法

官，而他讓歐威爾以及讀者都失去希望」。從一九七三年回過頭去看他當時最初的簡介，沃伯格認為他沒有什麼想要更動的地方，只是或許會排除自己原本相信歐威爾「刻意且殘酷地攻擊社會主義與所有社會主義團體」。若是心智保守的讀者在一九五〇年代接觸到這本書，小說中那種氣力放盡的描寫以及顯然毫無希望的氛圍是相當關鍵的吸引因素。一個針對社會主義政體的反烏托邦描寫就必須結束在一片悲慘、困頓或壓迫中，否則取而代之的資本主義體系又有何價值？

但是《一九八四》並非完全連一點點未來世界更美好的想像都不給。首先，書中有一份引人好奇的十二頁附錄，說明「新語原則」，是在某個未知的未來時刻完全以過去式寫成，例如指稱的是「最終已臻完美的版本」，呈現方式就是第十一版的官方新語辭典，也就是溫斯頓的同事塞姆在他蒸發之時正在進行的工作，顯然這是由一些語言歷史學家編寫的成果，不冷不熱地評論著已經過時的現象。這篇附錄的結尾用新語的模糊性來吊人胃口，當讀者讀到這位匿名作者寫道「目標是希望到了二〇五〇年可以完全取代舊語（或應稱標準英語）」，完全可以認為這位作者在暗示這一刻永遠不會到來，新語已經消失了，如今只是被當成

歷史上的新奇事件。

歐威爾不只這一次暗示在未來的大洋國可能是一個非常不同的地方，歐布萊恩向溫斯頓保證：「我們會在沒有黑暗的地方見面。」這個扣人心弦的一刻很可能就是揭開了噩夢的序幕，讓人墮入背叛與羞辱；同時這也是一段諷刺到可怕的序幕，因為歐布萊恩和溫斯頓兩人重逢的地方就是仁愛部中光線明亮的刑求室。不過這一刻仍然令人震撼，因為其中隱約透露出，籠罩著大洋國的陰影在某一刻就將消散。無獨有偶，溫斯頓看著那名無產階級女人在殘破不堪的後院裡晒衣服，此情此景觸發了他開始浮想聯翩，想像著未來某一刻他們的力量「會變成意識」，這明顯是歐威爾對這本小說的重要感觸，「無產階級並非凡人之軀，」溫斯頓心想，「你只要看一眼庭院裡那個英勇的身影就不會懷疑，他們終究會覺醒。」或許更重要的是溫斯頓初次見到那個女人的時候，那是在前面一、兩章，他開始察覺到無產階級在政治上的重要性，無論歷史更迭、大洋國崛起，或者第一起降跑道的正常生活都影響不了他們，他們只對自己而非大眾忠誠，他們仍然，至少還有潛力，能夠改變。或者還不只如此，因為他們還擁有一種重要的、

基本的特質，那是溫斯頓以及其他內黨黨員都已經失去的：

溫斯頓突然想到，無產階級似乎還維持著這樣的狀態，他們的忠誠不是對黨、對國家或者對任何信念，他們對彼此忠誠。溫斯頓生平第一次覺得他不討厭無產階級，或者覺得現在他們只是一股死氣沉沉的力量，總有一天會突然甦醒，讓世界改頭換面。無產階級依然保持著人性，沒有變成鐵石心腸，還保有人類原始的情緒，這是溫斯頓自己必須有意識努力重新學習的。

「無產階級才是人類，」他告訴茱莉亞，「我們不是人。」要讓無產階級的態度轉向激進並完成自己的天命，這個過程或許要花好幾個世紀，不過這個結果值得等待，「因為至少那會是一個理性的世界，只要有平等，就會有理性。」在這個反烏托邦世界的大洋國裡，歐威爾基本上是在重申自己在《獅子與獨角獸：社會主義與英國精神》中的訊息，這本小冊子是在戰爭前幾年寫成，一個國家想要在現代創造繁榮盛世所需要的那種集中經濟，只有符合所有公民的需求才有可能存

續，而只有以平等條件對待所有人才有可能辦到。無論《一九八四》一書核心的先決設定有多麼抑鬱、無論釋放在主要角色身上的恐懼有多麼令人不安，在這本書某個不為人知的角落，這裡、那裡，仍然有幾束光芒躍動著，試圖穿透那層黑暗。

這些光芒或許至少有一束是透過溫斯頓．史密斯閃耀出來。在最初英國塞柯與沃伯格的版本中，小說最後一章中描述溫斯頓無精打采地坐著玩西洋棋，他伸出手指劃過桌上的灰塵寫下「二加二等於」。由於在經過修潤的打字稿、校正過的校樣以及所有美國版本中，這道算式都寫成了完整的形式（「二加二等於五」），所以初版的這行通常被認為是印刷錯誤，正如彼得．戴維森在自己的權威校訂本中評論道，「略去了『五』就違反了歐威爾的用意，作者想指出溫斯頓已經全心全意臣服於老大哥了。」

《一九八四》出版後留給世人十分長久的影響，其中一個最為突出的面向就是這本書全面攻占人心的速度有多麼飛快。最早大約在一九五〇年代中，這本書

不只在全球各地熱銷（美國的平裝版在一九五〇年至一九五七年間銷售累積超過了一百萬本），而且還化身成為一把道德量尺：很少出現一本像這樣的書，能夠用來評斷某個政權、某種科技創新，有時甚至是某個單一的人類行為，進而發現其中的不足。自然，最早在戰後的第一批讀者從中能找到喜愛或害怕這本書的理由，又是完全不一樣的內容。對冷戰時期的知識分子而言，書中設想出一個經濟集中化國家可能出現的某些寡頭政治與霸權傾向實在高明；對英國小鎮上一個經常泡在圖書館裡的讀者來說，這是H．G．威爾斯在半個世紀前就已經寫得人盡皆知的那種反烏托邦世界，只是尚未添上令人懼怕的真實性；對政客而言，這本小說所預言的戰後世界可信到太過嚇人。一九五三年二月，首相邱吉爾的醫生莫倫大人（Lord Moran）*[10]到唐寧街十號的官邸看診時，「發現首相正埋首於喬治．歐威爾的《一九八四》」。他讀過了嗎？邱吉爾劈頭就這樣問他，「我正在

---

10 譯注：查爾斯．威爾森（Charles Wilson）於一九四三年被授予莫倫男爵（Baron Moran）的頭銜，他在二戰期間擔任邱吉爾的私人醫師，並且曾任英國皇家內科醫師學會的主席。

讀第二次，這本書非常了不起。」一九五四年十二月，英國電視上播出了改編電視劇，收看的觀眾超過七百一十萬人（其中也包括了女王與菲利浦親王），對於這些觀眾而言，這只是兩小時的優質娛樂，多虧了在當時還無法對公眾產生太大影響的媒介。

這本小說還有一個重要影響，書中提到的重要發明在很短時間內就駐紮在大眾的想像世界裡。歐威爾在討論狄更斯作品的文章中，自己也提到「一直到最近」（他寫作時是一九三九年），到北部地區表演廳登臺的喜劇演員開始模仿起狄更斯筆下比較知名的角色，才能夠確定觀眾能看懂：費金（Fagin）、哈維宣小姐（Miss Havisham）和比爾．賽克斯（Bill Sykes）*[11]等角色實在太有特色，即使是從來沒讀過小說的人也能認出來。到了一九五〇年代中，歐威爾的想像世界也差不多是眾所皆知了，安東尼．伯吉斯便曾這麼說：「有許多人並不知道歐威爾

11 譯注：費金和比爾．賽克斯都是狄更斯小說《孤雛淚》（*Oliver Twist*）中的角色，哈維宣小姐則出自《遠大前程》（*Great Expectations*）。

的小說《一九八四》，卻能知道雙重思考、新語和老大哥等詞語，而且最重要的是，能夠將一九八四當成一種密碼，連結到某人失去了所有道德抉擇的權利這種情況……而且臣服於某個統治者的無上權力，也不一定就是國家。」這種傾向在二〇〇〇年代初變得更加明顯，隨著大眾電視節目的興起，這些節目重新塑造出極權壓迫的象徵以迎合大眾娛樂的需求，例如《老大哥》（*Big Brother*）這個實境秀中，電視攝影機會追蹤住在「老大哥房」裡所有人的一舉一動；《一〇一室》（*Room 101*）節目則邀來名人，抱怨自己最最討厭的東西。不過即使在艾森豪總統執政的一九五〇年代，一般的報紙讀者也會知道「歐威爾式的」這個形容詞是什麼意思：具侵略性的、惡意的、壓迫性的、階級分明的，急著想要捏熄個人的自由，鼓勵虛偽的團體社會而反對獨立自決。

除此之外，隨著戰後人們掙扎著繼續過日子，也讓人想問歐威爾是否預言了什麼，認為他在小說中所描述的這一切現象如今看來彷彿都有事實根據。寫作《一九八四》的意圖或許是一種「警告」而非預言，但是觀察著二十世紀下半葉局勢發展的人們，不只是社會發展傾向，同樣重視的還有地緣政治學，這些人一

定都會懾服於書中預言的準確性。知名的歐威爾學者彼得・戴維森便曾經整理出一份絕對是最完整的清單，列出所有「歐威爾說對了」的事情，包括：世界被劃分為不停互相爭鬥的小型帝國及勢力區域，常常透過衛星國家發起代理戰爭來彼此對抗；不斷興起未受管制的監控文化，目的在於限制個人的行動自由以及自我表達的個人權利，而這類對個人的侵擾也會造成心理後果；領袖崇拜會越來越盛行；環境遭受危害；森林砍伐；藉由散布色情物品造成社會大多數人的信念低落；缺乏隱私；疏離感；為了意識形態的目的而不斷竄改事實真相的歷史紀錄等等，除了這些還有其他許多。

當然，《一九八四》所描述的大部分景象都很含糊，並沒有特別指稱，因此我們只要在眼前攤開一張二十一世紀初國際歷史輿圖，就完全能夠指出書中由大洋國、歐亞國和東亞國所組成的世界，與我們的世界有多麼不同。安東尼・伯吉斯曾藉著歐威爾的庇蔭特地構思出一本反烏托邦小說《一九八五》（*1985*，一九七八年出版），在長長的序言中他一個論點、一個論點地爬梳過這本小說，藉此表明歐威爾所提出的幾乎每項警告都可以說根本不存在（「大家清醒一點，美國

的歷史傳統中並無跡象顯示有可能依照歐洲模式發展出威權主義……是有許多權力，但並未如英社黨模式集中起來。」云云），但是近代歷史似乎有辦法讓這類避重就輕的說法聽起來過分矯飾了。無論如何，二十一世紀的英國公民早上搭著火車去上班，到了鎮上發現這裡主要的經濟支柱是附近的美國空軍基地，走在到處都是監視器鏡頭的街上，買份報紙看到頭版報導著某家大科技公司非法收集用戶資料、報導美國川普總統對「假新聞」的部分抱怨，還有（在颶風讓南方各州落入一片殘破不堪之後）他發表聲明，指現代氣候造成的效應「十分美好」，對這些人來說，若是他們認為歐威爾言之有物，似乎也不奇怪。

當時在一九五〇年代，對這本小說綿長悠久的影響力壽命而言才過了短短幾年，這份認知意識大部分都存在於未來，真正推了《一九八四》一把，讓這本書在戰後二十年間獲得巨大成功的關鍵在於，美國政府單位將這本書當成了在冷戰中使用的武器，但凡書中一切關於大洋國生活的描述，只要能夠推論到極權主義，美國中情局的政治宣傳人員都會一頁頁翻找出可用的彈藥，這些工作人員馬上就會注意到，這些敘述與一九四〇年代末期的史達林政權有多麼確切的連結，

例如「青少年間諜」就是根據許多媒體都報導過的現象，愛國的俄羅斯孩童會為政府當局聲討自己的父母；「臉部犯罪」則是因某個手勢或臉部表情而造成的輕微罪行，讓人聯想到一九四九年在莫斯科發布的一條指示，大概是說「絕對不能只因專心傾聽別人說了什麼就覺得足夠……必須注意說話的方式，例如某個學校女老師朗誦出當局認為有疑慮的詩句時是否表現出誠懇之意」；歷史學家羅伯特・康奎斯特（Robert Conquest）也發現，「雙重思考」幾乎是直接字面翻譯了俄文中的 dvoeverye，意思是「雙重信念」，這個字原本是用來形容異教信仰的傳統得以併行基督教信仰留存下來，有時則是融入基督教信仰中。

雖然這份資訊對美國政府來說很寶貴，卻也需要謹慎處理。有幾位研究戰後即時國際關係情勢的歷史學家便指出，美國在一九四〇年代末的輿論並非完全都反對蘇聯，對數百萬美國人而言，俄羅斯是英勇的盟國（一九四三年金門歡樂四重唱〔Golden Gate Jubilee Quartet〕就推出一首表示友好的密集和聲暢銷金曲，唱著「史達林不拖泥帶水／告戒柏林的野獸軍隊／他要將之驅逐／否則永不滿足」），因為他們在戰爭中所做出的貢獻，所以即使意識形態有些缺陷也可以原

諒。不過此時正值杜魯門主義（Truman Doctrine）與馬歇爾計畫的時代，為了遭受蘇聯滲透所威脅的非共產歐洲國家提供政治及經濟上的支持，杜魯門策略（後來艾森豪也延續下去）中的關鍵部分就是要鼓動反蘇聯的情緒，值得注意的是，這番努力不只發生在政治場域，也出現在流行文化的世界中。

一九五三年在史達林死後不久，美國哥倫比亞廣播公司（Columbia Broadcasting System，縮寫為ＣＢＳ）直播了五十分鐘長的《一九八四》改編劇，看過這部劇的觀眾顯然都不會懷疑背後的政治意涵。劇中並未暗示第一起降跑道位於倫敦，而且夾雜大量美國口音，葛斯登很明顯是指俄國布爾什維克領導人托洛斯基，而老大哥的形象，以影劇歷史學家大衛·萊恩（David Ryan）的話來說，就像是「《瘋狂》雜誌（*Mad*）向畢卡索委託的畫作」。即使如此，這齣劇的收視率驚人，將近有九百萬戶美國家庭收看，收視率達到百分之五十三，相當漂亮。為了強調其政治宣傳的價值，《生活》雜誌刊出一張以排練側拍照片組成的跨頁彩圖。其中還有一項更加反共產的翻轉，導演保羅·尼凱爾（Paul Nickell）後來表示自己的目的是要在觀眾的潛意識中灌輸觀念，將這本小說與參議員喬瑟

夫・麥卡錫（Joseph McCarthy）不斷推動的「紅色恐慌」（Red Scare）連結在一起。似乎是有不祥的預感，一名女孩扮演帕森斯家那個偷聽父母動靜的女兒，聽到他在睡夢中喃喃低語著「老大哥下臺」，便將他出賣給當局了，一年後這個女孩看著麥卡錫的聽證會，表示自己想起了《一九八四》。

如果說政府單位並未干預ＣＢＳ的改編，那麼在一九五〇年代初不斷努力想將小說轉化成一部劇情長片，或者該說是變成一部能夠推銷政府認可的俄羅斯局勢劇情片，這一切動作都能夠直接追溯至中情局的政策協調處（Office of Policy Coordination），兩名參與了心理戰工作坊（Psychological Warfare Workshop，縮寫為ＰＷＷ）的成員已經到英國去見索妮雅，勸她簽署授權《動物農莊》。眾所皆知的是，歐威爾的革命寓言最後無法蛻變成一部結局不同的動畫片，電影中農莊裡除了豬群以外的動物組成了反抗軍，衝入農舍並趕跑了他們的壓迫者。對ＰＷＷ來說，《一九八四》看起來是更加有吸引力的提案。值得他們慶幸的是，這時電影的權利握在一位擁護麥卡錫主義的人手上，是電影資本公司（Motion Picture Capital Corporation）的彼得・拉斯馮（Peter Rathvon），ＰＷＷ聯合了另一

項政府的宣傳工具，也就是剛成立不久的美國新聞署（United States Information Agency），完成了這筆交易，拉斯馮能夠收到十萬美金的權利金，而且保有世界的發行權，條件是部門主管能夠監督劇本的寫作。

電影的製作過程中還能窺見某種政治宣傳微調的氛圍，就存在於拉斯馮以及另一個在一九五〇年代文化衝突中相當活躍的右翼壓力團體：美國文化自由委員會（American Committee for Cultural Freedom，縮寫為ＡＣＣＦ），這個委員會的常務董事索爾·史坦（Sol Stein）曾為劇本提供意見，他相當堅持故事線不應該建立在某個充滿未來感的異世界，而是應該「與當今極權主義的確切細節有許多相關連結」，也就是說要展現出鐵幕之外的更多面向。為此，他建議道，老大哥的海報應該以真人的照片來展示，而非以漫畫風格呈現最近剛過世的卡通版史達林。對史坦來說，目標應該是要呈現仔細觀察後的真實性，無須誇大或者強調戲劇張力來演出「延伸了某件我們今日就能直擊的事件」。例如，青年反性聯盟成員身上纏著的細腰帶就有困難，因為在東歐國家中無法找到類似的東西，於是他建議茱莉亞的造型應該改成套著臂章。

問題更大的是小說的結局，身心崩潰而垂頭喪氣的溫斯頓承認自己贏得了對抗自己的這場戰爭，他愛老大哥。一來，ACCF的聖騎士們非常希望能夠將他們假想中蘇聯的現實生活完全呈現在國內觀眾眼前，越是毫不留情越好；不過另一方面，他們也很清楚，絕大部分的美國電影觀眾對於意識形態的純粹性沒多大興趣，比較想看見令人振奮的結局。史坦的解決方法是讓溫斯頓（由艾德蒙・歐布萊恩〔Edmond O'Brien〕扮演）離開他和茱莉亞（珍・史特林〔Jan Sterling〕）最後一次見面的咖啡館，兩人就此分道揚鑣，在路上他遇見一群小孩，而史坦在眾人的強烈反對下仍然建議，「居然還能夠保有一絲自然的純真」。最後，溫斯頓在鄉間找到藏身之處，也就是他和茱莉亞最初努力躲避老大哥無所不在的監視的地方，鏡頭就定在片片青草間流連，觀眾能聽見清風拂過樹林發出嘆息，還有溫斯頓的心跳聲。我們想，無論是多麼無法無天的獨裁政府也無法從人民身上奪走這些，「或許再更進一步強調這個論點，我們可以看到溫斯頓看著自己的手：左手伸出兩根手指、右手伸出兩根手指，他知道二加二等於四。」

可惜，電影最後沒有徘徊在葉片間的鏡頭、也沒有清風吹拂的樹頂，拉斯馮

否決了這個意見。為了安撫中情局的金主，他拍攝了兩個不同的結局，開頭都是這對分手的戀人在勝利廣場見面。第一個版本中，溫斯頓加入了一群暴徒不斷高喊著「老大哥萬歲」；第二個版本，他反叛地大喊「老大哥下臺」，接著遭到軍人懲罰性射殺，但茱莉亞跑了過來與他重逢，彎腰看著他倒伏的身體，伸手想握住他的手，清風捲起兩人身邊的秋葉。究竟觀眾應該看到哪種詮釋版本呢？為了解決這個兩難，便讓電影發行商自行決定，於是美國觀眾看到了溫斯頓順從地高喊，英國觀眾則看到兩人伸出相握的手以及秋葉。

製作人、金主和發行商都對完成的作品抱著相當高的希望，這部英美合作的作品是在倫敦及其周圍各郡拍攝，並且在艾爾斯崔片場（Elstree Studios）小心地重現勝利廣場，索爾．史坦也抱著極大的信心，他表示《動物農莊》與《一九八四》「都相當符合美國文化自由委員會傾向的意識形態」，他保證會確保這兩部電影能夠「發行得越廣越好」，採取了各種宣傳行銷的手段，包括「安排紐約的報社撰寫評論」以及發出「極大量的折價券」，只是這些努力都沒什麼回報。這部電影在美國被包裝成一部科幻驚悚片，和一部低成本的商業片《伽瑪人》（*The*

Gamma People）以雙片聯映的方式發行，不過《一九八四》的評論相當差，票房也一敗塗地。

無論最後的結果是多麼不成功，拉斯馮的改編卻有個實用的目的，就是強調了這本小說不管要改編成小螢幕或大螢幕版本，都必須在什麼樣的背景下執行；同時也暴露出許多版本在製作過程中都必須面對的兩難。既然這麼說，那麼歐威爾的文字應該如何改編成電影呢？是當成一部未來預言加上一些現代常規的科幻片？當成一部現實主義諷刺片？兩者皆有？是否應該積極接受那些狂熱分子拚命想加在故事上的那些政治宣傳元素，或者應該試圖讓故事為自己說話？故事中有多少，尤其是溫斯頓在仁愛部受到刑求的段落，真的能拍攝出來？拍攝完成之後，又該如何應對似乎完全無法避免的爭議？重要的是，這些問題當中有許多在ＢＢＣ嘗試播出《一九八四》時便已經暴露出來，一九五四年十二月，ＢＢＣ播出了兩個幾乎完全一模一樣的版本。

拍攝的預算只有三千英鎊，參與演出的數名英國演員後來在電影、電視都擁有長久的發展（由彼得．庫辛〔Peter Cushing〕扮演溫斯頓、唐諾．派辛斯

〔Donald Pleasance〕扮演歐布萊恩，知名連續劇《史戴普托與兒子》〔*Steptoe and Son*〕演員威爾弗利德・布蘭貝爾〔Wilfrid Brambell〕則客串演出溫斯頓在酒吧裡遇見的老人），ＢＢＣ的改編看上去，導演魯道夫・卡提爾（Rudolph Cartier）似乎原本打算要採用科幻小說的角度：編劇奈吉爾・克內爾（Nigel Kneale）曾參與《夸特瑪斯實驗》（*The Quatermass Experiment*）團隊，這齣總共六集的電視劇非常成功，劇中的火箭科學家不小心釋放了一頭巨大的太空怪獸；改編劇中仁愛部的內部裝潢很容易被人誤會成太空實驗室。每一次放映前都會先放一段公告：「最重要的是，這個故事是一個警告，想像出世界的某種樣貌，若是人類失去了所有自己相信的真相與公義，世界就會變成這般。」至於爭議，有些觀眾抱怨溫斯頓遭到刑求的橋段，尤其是用橡膠管連接著透明頭盔的老鼠籠子，據說肯特郡一名女性觀眾因為太過害怕而引發心臟病發過世。同時，六、七名保守黨國會議員在國會中提出的動議也更突顯了政治宣傳的元素，他們祝賀ＢＢＣ的努力，試圖「讓英國人民完全理解，若是他們放棄了自己的自由會帶來如何合乎邏輯而枯竭心神的後果，同時也讓人民注意到《一九八四》一劇中所描寫的眾多非人手

法，其實已經在極權政權付諸實行」。

左翼報紙懷疑這是資本主義的計謀，很快就發起反擊，擁護共產主義的《工人日報》（*Daily Worker*）將小說貶低成「某個托利黨遊民的社會主義觀點」，並且指控曾經語帶批判的記者，他們將《動物農莊》和《一九八四》捧成「將自己出賣給資本主義的知識分子心中的新舊約」之後，便轉換陣營。儘管如此，所有證據都顯示，就像在美國的情況一樣，BBC的節目將這本過去只能以昂貴精裝版買入手的小說帶到廣大觀眾眼前，英國有將近五分之一人口都看過卡提爾改編劇的兩次播出，而後續的媒體報導則讓更多人能夠讀到相關細節，效果馬上反映在銷售上：下一週才剛出版的企鵝平裝版總共賣出了一萬八千本。不過這一切都沒有提到上百萬名觀眾分別看到溫斯頓．史密斯的眼神落在那一籠餓壞的老鼠時，那一幕馬上讓他們打從心底感到震撼。我父親還記得他母親，就像許多收看初次播出的觀眾一樣都是才剛習慣電視的人，看著那一幕時整個人陷入無法置信的驚駭狀態。

在一九五〇年代中，如果說大眾閱聽都已經認識了《一九八四》，無論是以書本、電影或電視劇的模式，那麼往知識圈更上一層，這本小說也開始進占其他幾群具有影響力的讀者。一方面，右派可以利用這本書來譴責左派，不過左派（或者應該說左派中幾個令人悔恨的因素）也可以利用這本書來譴責自己。從一九五〇年代起一直到接下來二十年間，知識圈中一項關鍵發展就是曾經是左派陣營的人習慣跳船，有時就是受到單一一件、無法為之辯解的事件刺激，例如一九五六年蘇聯鎮壓了匈牙利的叛亂。在其他時候，這段過程總是十分緩慢：例如英國小說家金斯利．艾米斯（Kingsley Amis）在戰時是英國共產黨的成員，不過到了一九五〇年代中便慢慢轉移立場，寫了一本支持工黨的費邊社（Fabian Society）宣傳手冊，標題是《社會主義與知識分子》（*Socialism and the Intellectuals*），最後在一九六四年的大選中投票給工黨，然後便轉而支持保守黨。雖說很容易就過度渲染特定作家（以及特定作品）對於轉換政治支持的影響力，歐威爾確實影響了十幾位作家，讓他們放棄自己原本左傾的立場，這在多本描寫戰後文化界現象的回憶錄中都能發現跡象。

這段過程很少是簡單明瞭的，經常牽涉到要重新調整自己好幾年前便做出的假設。例如在一九六九年，艾米斯寫了一篇文章稱讚《一九八四》刊在右傾的《每日快報》（*Daily Express*），一名粉絲找上他，詢問他怎麼面對自己在費邊社手冊中的那股狂熱，畢竟他在手冊中指控歐威爾「在四〇年代末警告眾人某件在三〇年代末就已經避免過的事情」，艾米斯的回覆不只描繪出自己年少時的激進如何慢慢消磨殆盡，同時也展現出歐威爾是如何啟發了他，讓他一步步長征踏入右派的流放境地：

我想在五〇年代末，我仍然保有相當明顯的早期左派色彩，歐威爾關於共產主義的文章讓我不太舒服，又不能只是說他不老實或無知就打發了，於是就找了個「藉口」，說他太歇斯底里。我現在認為，（可以理解）歐威爾在一九四九年所做的預測比我在一九五九年所能做的好多了，而且我對《一九八四》做為一本政治作品的評價，現在比起當時要高上許多。

這一群過去是左派的支持者認為《一九八四》幫助他們改變了政治立場，歐威爾對他們會怎麼想，如今也只能猜測（不過值得一提的是，在這個情況下，在他死後，剩下的保守派友人大膽推斷，假如他還活著應該會支持像是福克蘭戰爭〔Falklands War〕這類後帝國主義的行動，並且反對礦工罷工）。不過他應該會熱烈認同另一群數量雖少卻不斷成長的讀者，他們在一九五〇年代初才接觸到這本小說，他們是薩密茲達（samizdat，照字面翻譯就是「自行出版」，不過這邊是指祕密出版非法的刊物），這群東歐讀者在早期版本被人偷偷從西方運出時，幾乎馬上就出現了地下版本，這些書的印刷技術拙劣、印在便宜的紙上，頁碼常常出錯或者所有文字都會轉印到右邊的頁面上，不過在接下來三十五年間，歐威爾的薩密茲達版本流通甚廣，讀者對小說傳達出的訊息除了讚賞，有時還有驚訝，發現一個從來沒有生活在共產主義統治下的人居然能夠如此澈底想像出其中的恐怖，正如波蘭詩人兼散文家切斯瓦夫・米洛什（Czeslaw Milosz）所說：

只有幾個人讀過歐威爾的《一九八四》，因為很難取得，而且擁有也很危

險，只有內黨的幾名成員才知道。他們對歐威爾十分著迷，認為他的觀察縝密，寫出了他們所熟知的細節，而且運用史威夫特的諷刺小說手法也很高明……就連那些只聽說過歐威爾大名的人也大感驚訝，一個從來沒有住過俄羅斯的作家居然對當中的生活有如此敏銳的認知。

米洛什寫下這段文字的時間最早落在一九五一至五二年間，這本書在西方則是一九五三年出版，不過一直有人提出這樣的論點，直到柏林圍牆倒塌為止。猶太裔知識分子克里斯多夫·希鈞斯（Christopher Hitchens）便指出，幾乎所有東歐國家出身並支持自由的人，從米洛什到瓦茨拉夫·哈維爾（Václav Havel）、萊謝克·柯拉科夫斯基（Leszek Kołakowski）以及亞當·米奇尼克（Adam Michnik）等人，都曾經在某個時候向歐威爾表達敬意，認為他就像是為自己照亮前方的燈塔。歐布萊恩形容過一九八四年之後的世界會是什麼模樣：「如果你想知道未來是什麼樣子，想像一隻靴子踩到人臉上的感覺——一輩子。」這段話成為形容蘇聯政權在鐵幕後如何扼殺異議，永遠無法抹滅的形象。托斯可·費維爾研究自己

在一九八二年出版關於歐威爾的回憶錄，發現幾乎每一次反對蘇聯的抗議活動文字紀錄上都會出現這段話：例如杜布切克（Alexander Dubček）在捷克斯洛伐克推動自由派政權*[12]遭到推翻的十週年紀念日、一九五六年匈牙利起義遭遇鎮壓的二十五週年，以及一九八一至八二年打垮波蘭團結工聯的行動等等，甚至曾經有報導引述蘇聯領導人布里茲涅夫（Leonid Brezhnev）表示：「蘇聯的靴子必須一直踩在周邊衛星國家的臉上。」

這一切都讓歐威爾在戰後的東歐擁有獨特的地位。歷史學家提摩西・賈頓・艾許（Timothy Garton Ash）還記得，自己在改革開放時代之前（一九八五年）曾到鐵幕後的地區旅遊，「在共產歐洲無論去到何處，都會有讀者讓我看他們手上的《動物農莊》及《一九八四》，書頁都折過做記號，問我：『他怎麼知道？』」薩密茲達讀者環顧著自己生活在冷戰時代蘇聯的日常，都能看見事事由

12 譯注：稱為布拉格之春。這波改革導致蘇聯與華約成員國以武力干涉，最終宣告失敗。

國家批准的恐懼或空虛，而這些歐威爾似乎早就知道了。一九八六年四月發生車諾比核電廠災難，當時鄰近地區的輻射指數每個小時都在攀升，《真理報》卻刊出聲明宣稱情況正逐步改善；此時世上最慘烈核電意外的消息終於透過《紐約時報》浮出水面，而蘇聯將近有三分之一的媒體報導目的都不在說明意外的實況，而是反駁西方媒體誇大了意外的規模，看看蘇聯官方對這次意外後果的反應，還有什麼更符合歐威爾式的形容呢？

這些都足以描繪出《一九八四》一項最是歷久不衰的特色：多變的特性。伯納德·克里克就曾經為此有些惱怒，將各種不同的詮釋區分為不同主題：「決定論的預言、某種科幻小說或反烏托邦小說、某種有條件的未來想像、針對當代事件的人文諷刺作品、完全反對任何形式的社會主義，還有身為自由主義的社會主義者（幾乎像是無政府主義者）抗議傾向極權主義以及濫用權力，無論是在自己或其他可能的社會皆然。」這本小說在一九四九年出版，至少已能夠用來解釋一九八〇年代中期的世界，或許還有更多可能性。牛津大學英國文學教授大衛·多

萬（David Dwan）便曾點出相關比喻出現的頻率高得有點無聊了，例如在英國國會中就常使用，諸如一九七二年的特別權力法（Special Powers Act）：「體現了喬治・歐威爾筆下的一九八四。」一九八三年的資料保護法案（Data Protection Bill）：「喬治・歐威爾的一九八四實現了。」一九九〇年的社群稅法案（Community Charges Bill）：「歐威爾式的美夢成真。」二〇〇四年的性別識別法（Gender Recognition Act）：「歐威爾式夢魘。」二〇一五年的反恐怖主義與安全法（Counter-Terrorism and Security Act）：「歐威爾會如何瑟瑟發抖。」國會議員將這些法案都送去接受歐威爾測試，結果發現明顯有所不足。自由派的美國人在九一一事件之後對於愛國者法案（Patriot Act）的使用也有同樣反映，這項法案能夠調查潛在恐怖分子的活動：聯邦探員獲得授權能夠沒收嫌疑人的電腦並翻閱相關文件，參議員伯尼・桑德斯（Bernie Sanders）便稱這完全可以說是「歐威爾式監控」。

眾多政客與社會評論者經常為了自己的目的強行引用《一九八四》，卻不一定都有讀過，從某些面向說來也代表這本書的影響力深遠，這本書無須研究、無

須質疑，《一九八四》就只是存在著，即使經過改編、刪改、重製、剽竊，仍然不會失去那層真實的光彩。世人可以更新內容以符合作者並不知道的政治及社會發展，但是這本書就是具備如此令人振奮的特質，所以才值得更新。電影歷史學家注意到，後來的改編者相對比較輕鬆，能夠將場景的設計安排成現代觀眾熟悉的樣子，同時還能保持原本小說中那種心理氛圍。一九六五年BBC又推出第二個改編版本，開場的鏡頭是一名士兵開車通過一片核彈地雷區，還有一位軍隊將領下令進行原子彈攻擊；第一起降跑道變身成了「第三起降場」（Pad Three），那個無產階級女人在自家雜亂後院所唱的歌，原本是一首在休戰期間能夠登臺表演的歌曲（〈只是無可救藥愛上他〉），搖身一變成了編作成熟的流行歌謠。舞臺上除了溫斯頓、茱莉亞和歐布萊恩，後方所擠出的一方空間則藏身著典型的六〇年代概念，例如反核武的奧德馬斯登（Aldermaston）遊行以及搖擺倫敦（Swinging London）的味道。

這種挪用拼湊的傾向或許在所謂的《一九八四》意象中更為突出，自從小說的封面首次面世後便開始發展起來。一九五四年首次出版的英國平裝版封面是標

準的企鵝小說形式，書名以黑色字體印在白色背景之上，夾在兩塊橘色色塊之間。從許多面向看來，這個標準化設計的簡樸感非常適合這本小說，畢竟小說中的世界中資源要靠配給，還有紙張短缺：你會覺得歐威爾也會認同這個樸實無華的包裝，忠實傳達出這本書的價值，以及平裝版出版商習慣向讀者保證本書「內容完整未刪節」。不過企鵝是最一流的出版社，早期製作的書籍總是帶著一股絕對不會錯認的高尚氣息。相較之下，美國圖章出版社（Signet）在一九五〇年代初所推出的版本就符合美國便宜小說的傳統，包括配色明亮、搶眼的文案、性與暴力，「對一九八四年生活的奇異觀點」標題這樣叫囂著，「禁忌之愛……恐懼……背叛。」底圖是仁愛部閃閃發光的建築，前面則站著三個完全格格不入的形體，右邊是茱莉亞，描繪成一位體格健壯、穿著皮衣外套的壯碩姑娘，看起來就像是從紐約布朗克斯區（Bronx）來的，秀出深深的乳溝；溫斯頓只顯露出輪廓，樣子有一點像是演員洛·赫森（Rock Hudson），彷彿他才剛從《西城故事》的舞臺離開；兩人後方是一隻戴了面具的大猩猩，顯然是某個中世紀刑求室的獄卒；鄰近一面牆上出現了老大哥的形象，是卡通化的史達林，還配上妖怪的耳

朵。

儘管如此，圖章出版的平裝版設計組合起來比起個別檢視各部分更有意義，這一幅十五公分乘十公分的封面插畫成功將《一九八四》放在一個刻意什麼都囊括進來的情境，包括了流行的科幻元素、經典的美國硬漢自然主義，以及反蘇聯的政治宣傳。另一方面，後來出版的英國平裝版封面（過去五十年來就有十五個版本）仍然傾向集中強調大洋國景象的特定面向，效果通常非常有暗示性。例如一九六二年的版本就畫著單一隻沒有眼皮的眼睛，盯著某個看來像是迷宮中心的東西，這隻眼睛可能屬於老大哥，從某張海報或電視螢幕瞪視著外界，不過也很有可能是溫斯頓焦慮地盯著老鼠籠。另外，一九六六年再版時，企鵝選擇使用英國畫家威廉・羅伯茲（William Roberts）的作品，畫的是戰爭時期的辦公室日常，辦公人員伏案工作、接聽電話，完全不會讓人想到在真相部工作的日常中隱藏著什麼恐怖。另一個再版的封面來自一九九九年，從一個完全不同的有利位置出發考量，重製了英國畫家克里斯多福・內文森（Christopher R. W. Nevinson）的《無靈魂城市中的靈魂》（*The Soul of the Soulless City*，一九二〇年），讓人一窺想像

中的曼哈頓高架鐵路，立體派、未來派和現代派的技巧融於一處，創造出的結果雖然相當抽象，卻同時是一件復古前衛的高明之作：在一九九〇年代末，書名頁上的日期已經過了十五年，不過內文森令人眼界大開的城市風景畫，仍然能夠在未來城市令人眼花撩亂的高樓林立間重建。

如果說要等到一九六〇年代才能重新想像《一九八四》的景象，從批判角度重新詮釋這本書的過程則是更早幾年就展開了。第一場歐威爾座談會在《世界評論》（*World Review*）雜誌中就占了六十幾頁篇幅，最早從一九五〇年六月開始，評論家賀伯．瑞德（Herbert Read）在座談會提到其中一項令人困惑的目的，就是要理解這本小說「奇怪的成功」（「幾百萬人都讀過了這本書，為什麼？這書毫無魅力，完全引不起讀者的情感。確實，書中有幾絲情色描寫，但是對那些喜歡這類文字的讀者來說，顯然不是值得的閱讀體驗。」），而且阿道斯．赫胥黎也提出似乎跟自己有關的論點，他還是認為在由國家出資的監控時代中，麥克風科技所能得到的進展是歐威爾只能靠做夢想像，「看上去非常有可能，《一九八

四》中所描述的體系暴力對於未來那些非常聰明的獨裁者而言，根本太沒效率、太混亂又太浪費。」赫胥黎如此爽朗地總結道。後來這第一道多加注釋的涓涓細流很快就演變成勢不可擋的潮流，在一九五〇年代末期至少就出現了六、七本批判研究，幾乎所有作品都相信，以瑞德的話來說，「歐威爾的最後一本作品無疑將被視為他的最高傑作」。

另一方面，評論家（也就是文學評論家）常常會對《一九八四》實際的價值抱持著二心，不只有賀伯．瑞德一個人會好奇，一般讀者都會期待小說應該能夠引發內心情感的共鳴，但一本沒能引發什麼情緒的書為什麼會大受歡迎？有些人懷疑作者此時已經腸枯思竭，而寫作這本書過程中所經歷的身體折磨確實創造出一種不利的美學效果，而若是要否認這一點有時會顯得太過刻意：歐威爾對追隨著自己的這一代作家影響深遠，而這股影響力更有可能出現在他的散文或戰前寫成的小說，如《上來透口氣》的人文細節當中，在歐威爾死後的二十年間，評論家坐下來檢視大洋國這個世界以及兩分鐘憎恨時間時，他（大部分都是「他」）很可能會從身邊無所不在的政治氛圍中接收暗示，因此吉爾伯特．菲爾普斯

（Gilbert Phelps）在一九六一年寫作的當下，蘇聯與西方之間的關係比起杜魯門與史達林時代稍微沒有那麼緊張了，馬上就將這本小說貶低為過時的產物，過往的光彩已經開始層層褪去。菲爾普斯堅持道，如今當然已經非常明顯：

> 這本書剛出版時（一九四九年）引起了相當大的騷動，大多是跟冷戰的熱潮有關。雖然書中文字仍能讓讀者因恐懼而發出抖顫，文筆跟歐威爾較早先的作品相比起來卻常常顯得倦怠而疲軟……語調經常尖銳刺耳又歇斯底里，而且角色的塑造實在呆板。

另外，喬治．伍德考克的評論寫作年代則是政治氛圍活躍的一九六七年，也是甘迺迪總統遭刺殺的四年後，越戰正打得如火如荼，而此刻的歐洲民主國家從未如此認真感受到從歷盡風霜的東歐所掃過來的寒風，《一九八四》最大的價值就在於這本書及其作者吸引了「一位作家所能吸引到最為龍蛇混雜的讀者群」，包括英國的保守黨人及自由市場派、美國一九六四年總統大選落敗的共和黨候選人貝

瑞・高華德（Barry Goldwater）支持群眾，而這些人也支持高華德欽點的接班人：剛選上加州州長的羅納德・雷根（Ronald Reagan）、贊成一舉抹除馬克思主義國家觀點的無政府主義者、擔心集中化政治體系會威脅到個人自由的「中庸派」左翼人士、大學人文學系教授中對現實感到幻滅的自由派人士，他們對於言論自由遭到攻擊而憂心忡忡；這群形形色色的人們都在溫斯頓・史密斯努力想甩開身上枷鎖的徒勞之舉中找到亮點，而更加在意小說部分比喻寫作手法顯得「無力」的評論者或許不時會忽略這些。

一如往常，小說中有如預言般的提醒讓歐威爾得以成功，其他反烏托邦作品則失敗了。馬克思主義評論者雷蒙・威廉斯（Raymond Williams）的評論寫在伍德考克的四年後，深受歐威爾的前瞻遠見吸引，相當熱切討論他「令人思想解放的意識」，也非常喜愛「新語原則」以及認為在語言學與社會形式間有所關連的「核心認知」。對威廉斯而言，新語中有許多字詞，諸如**無產供**（prolefeed）、**速度的**（speedwise）、**性罪**（sexcrime），聽起來已經有一種不祥的熟悉感；一九六〇年代政府部門在現代化計畫中所發布的許多標語，有很多「幾乎完全符合新語

原則」。至於歐威爾率先提出將新聞管控和集體洗腦兩件事混淆在一起的概念，「虛構局這樣的機構現在也完全不會被注意到」。溫斯頓描述著電影放映時播出的炸彈空襲、船隻被炸成碎片、人類肢體飛上了天等等，「就好像他看過了來自越南的新聞影片」。同時，「老大哥在看著你」也成為一句日常可用的句子，用來比喻即使是西方民主國家也會使用的監控技術。做為堅決反對思想犯罪和雙重思考的敵人，身處的世界卻能明顯觀察到這兩種抽象概念逐漸崛起，「歐威爾仍然離我們很近，而且相當活躍」。

但是到頭來，威廉斯對《一九八四》的種種熱愛都只是一場騙局，或者只是在說謊。威廉斯身為馬克思主義者，他一直無法完全諒解歐威爾將蘇聯共產黨當成模板，以及他創造了右派政黨可利用的政治宣傳工具（無論有意無意）。他在歐威爾死後二十年，指控他未能理解，戰後由軍國主義和大企業所建立起的資本主義世界，可能最後看起來會「非常像是他想像中的政黨」。還有書中的無產階級，威廉斯認為他們基本上就只是一群麻木的大眾，只是創作者在描寫他們時帶著「迂腐的革命浪漫主義」。他結論道，這是一個只有單面向情境的世界，其中

幾乎不存在「個人生活的正常素材」，「真是奇怪，歐威爾用來反抗控制與墮落的武器，竟然僅僅是溫斯頓與茱莉亞之間一段不甚認真的戀情」。或許這就是歐威爾想說的，如此不相配的戀人之間發生這樣一段短暫而投機的戀情，其中一個人還非常有可能是臥底的密探，大概就是這種極權國家唯一能夠允許的異議了。

8 接近揭曉日期

評論家雷蒙．威廉斯對《一九八四》到底是怎麼想的，而不只把這本書當成是專賣給大學生的大眾市場入門文學，或許可以從他在一九七九年接受馬克思主義《新左派評論》（*New Left Review*）的訪問中窺知一二，當中提出一個論點，而雜誌編輯又進一步強調，表示這本小說「到了一九八四年就只是一本骨董」。相較之下，在威廉斯寫作評論的這個時候，大部分知識分子針對這本書的辯論都聚焦在預知未來這件事、在窗外正逐漸推展的事件具有多麼絕對的重要性：時鐘滴答響著，誰知道當滴答聲結束，書中所描述的哪些恐怖或許會在外頭等著我們。

正如評論家克里斯多夫．斯莫（Christopher Small）在一九七五年對情勢有更多了

解時所說：「類似倒數計時的事件已經開始了，隨著那種想像中的恐懼之日一步步逼近，當事情的發展不如計畫般順利時，我們確實鬆了一口氣。」不過用威廉斯的方式來形容，這並不表示僅僅因為倫敦並未改名成第一起降跑道、激進分子的集會也不會遭到思想警察驅離，就可以說歐威爾已經沒那麼重要了。斯莫繼續說，這個年份即使只是任意決定的結果，選擇清單中也包括了一九八〇年及一九八二年，不過我們仍然感到著迷，就算知道這點也很難消滅「這個新的末日時刻對我們產生的邪惡力量」。

到了一九五〇年代中，這個年份開始像一團不祥的烏雲，籠罩著英美兩國眾多知識分子的生活，如同幽靈般出沒在政治分析作品的書名及內容中。音樂學家漢斯·凱勒（Hans Keller）曾參加一場在東歐舉辦的音樂節，深受當地偏頗的（也就是擁護共產主義的）評斷所苦，甚至憤怒到將自己在一九七七年出版的文集取名為《一九七五（再九年就到一九八四）》（*1975* [*1984 Minus Nine*]）。安東尼·伯吉斯在戰時與歐威爾在倫敦的菲茨羅維亞（Fitzrovia）有短暫來往，也寫出了自己的英國反烏托邦小說《一九八五》（一九七八年出版）。就像二十年

前的情況一樣，這份熱忱大多都具有特定的政治意涵，就像在一九五〇年代，ＣＩＡ會利用歐威爾的作品來宣傳全球資本主義，因此在一九七〇年代中至晚期，英國文壇的右派也利用歐威爾的作品，試圖用來對抗他們認為英國國內有缺陷的政治及經濟機構。一九七四至七九年間對英國政治團體來說是一段氣氛非常低迷的時期，特色是少數派政府、誇張的通貨膨脹，還有產業動盪不安，還有謠言說會遭遇軍事占領，雖然只是很微不足道的傳言，但確實有這種說法。一齣電視節目的名稱是《誰說不可能發生在這裡》（*Who Says It Can Never Happen Here*），由曾經擔任政府閣員的查爾方男爵（Lord Chalfont）主持，他認為讓符合共產黨精神宣言的社會得以順利運作的先決條件已經存在了。

這些大多是右翼人士的危言聳聽，而支持保守黨的報紙則喜孜孜地炒作著。另一方面，工會很可能也煽動了大眾對權力的厭惡，這股情緒迅速蔓延開來，在一九七八年至七九年的「不滿之冬」（Winter of Discontent）時達到臨界點，這年有上百萬勞工罷工上街，特拉法加廣場上堆起無人清運的垃圾山，而媒體引述倫敦救護人員團體的領袖發言強調：「如果這代表必須犧牲生命，那麼也是必要

的。」許多人都認為工黨政府被工會盟友掐著脖子勒索堪稱奇觀，不過小說家或者是愛辯論的人卻都迫切地想攻擊這樣的現象，這時《一九八四》便是可靠的援引靠山。羅伯特・莫斯（Robert Moss）所著的《民主崩毀》（*The Collapse of Democracy*，一九七五年出版）一書中就籠罩著《一九八四》的影子，這本書的出版正巧碰上一個頗具影響力的右派團體成立：自由協會（National Association for Freedom），而書中的一開頭就是一封來自一九八五年倫敦的虛構信件，這時的倫敦已經屬於一個「原共產主義」（proto-Communism）的國家。五年後，《一九八四》又潛伏在朱利安・方內（Julian Fane）小說《革命島》（*Revolution Island*，一九八〇年出版）的書頁邊，這本小說想像在「我們最後一任保守黨政府遭到工會廢黜，再次試圖主張其民主權威性」之後，會是一個肆意妄為的無政府主義未來。

大部分受到歐威爾啟發而創作的右派未來衝擊小說都有一個共通點，那就是做為小說作品相當沒有說服力，這點無庸置疑。一整排布克獎得主、學識淵博的博學知識分子以及一度擁護共產主義的人們曾經恍然大悟，如今看著一九七〇年

代的政治紛擾卻是丈二金剛摸不著頭腦，結果就是金斯利．艾米斯的《俄羅斯捉迷藏》（*Russian Hide and Seek*，一九八〇年出版）這本小說，背景設定是在英國的法律與秩序全面崩潰後（「這裡一直紛擾不安，包括失控的通貨膨脹、大量失業人口、罷工、工賊、暴動等等，然後在左派團體掌權時又出現更為猛烈的暴動」），讓蘇聯得以乘機占領的半個世紀後。至於《一九八五》這本長約兩百四十頁篇幅的小說，至少可以說伯吉斯認真打算與歐威爾原始文本有所連結的部分還不到一半：開場的部分是一系列文章和偽訪談紀錄，伯吉斯在其中討論了《一九八四》對於當代英國的一些指涉；同時就國際權力政治較廣泛的情境來說，伯吉斯的目標幾乎是衝著本土情況而來，只要在政治場域上發生幾波天翻地覆的變化就能快速掃除許多國內的紛紛擾擾。

伯吉斯是如何形成這種對於短期近未來的諷刺觀點？在他的大略描寫下，由不列顛群島（the British Isles）組成的ＴＵＫ（The United Kingdom，也就是大英帝國）有了幽默的稱呼，成為「塔克蘭」（Tucland，ＴＵＣ正好是現實中工會聯盟〔Trades Union Congress〕的縮寫），這是由勞工組織起來而擁有的領地，在這裡

工人的權利凌駕一切，關門的店家會面臨無情的執法，而異議聲音也經常遭到壓迫；類似的發展似乎也出現在大西洋另一岸（美國〔USA〕被開玩笑似地稱為「美利堅不快樂工團主義國」〔Unhappy Syndicalized America〕），教育規範崩壞（伯吉斯一個比較有趣的笑話是描述街頭幫派「庫米納」〔kumina〕，他們以為的青少年叛逆行為就是要以拉丁語和希臘語交談），而且有段向新語的簡化手法致敬，書中的公民必須以工人英文（Worker's English，縮寫為WE）說話，這是一種屬於文盲的大眾語言，會用 You was 來取代 You were。至於老大哥的形象，在公共場所則是掛上了「工人的象徵：比爾」（Bill, the symbolic worker）畫像，用這個形象來提醒眾人工人的崇高地位。

伯吉斯書中的主角是貝夫．瓊斯（Bev Jones），故事中當地醫院發生大火，救火隊卻拒絕滅火，結果瓊斯的妻子便葬身火窟，瓊斯的反叛行為中包括了撕毀自己的工會證明卡，當他向政府官員申請時，官員解釋道這麼做就會讓他無法受人雇用，語氣中不無同情。他人都向他保證，他所渴望的「自由」不過就是一場反動的夢，「有挨餓的自由，有被人剝削的自由」；至於他可能擁有也可能沒有

的民主權利，就要靠他的國會議員來告訴他，所謂「社會主義者」或「保守主義者」等詞彙都不再有任何意義：工人統治這個國家，而且他們可以選擇自己想做的事。貝夫就和溫斯頓一樣被送進國內的ＴＵＣ康復中心接受再教育。在《俄羅斯捉迷藏》中也能察覺到同樣的歐威爾影子，這本小說設定在二十一世紀，就在「綏靖」的五十年後。書中的英國變成了一個有趣的半偏鄉國家，汽車成為了奢侈品，統治者是一名俄羅斯貴族，試圖要恢復在入侵當時就差不多算是滅絕的本土文化。就像在《一九八四》中一樣，有一隻小工蟻決定反抗（這本書中是一位叫做佩卓斯基〔Petrovsky〕的年輕官員），一名同僚鼓勵他加入意欲推翻寡頭領袖的「陰謀」，結果發現與他一同謀畫的人大部分都是努力想揪出異端邪說的雙面間諜，最後佩卓斯基被人開槍射死。

《俄羅斯捉迷藏》雖然是在一九七八至七九年的動亂中寫成，也就符合艾米斯描述「綏靖」發生時的情況，不過這本小說卻一直等到一九八〇年才出版。這時英國有了一位新首相瑪格麗特．柴契爾（Margaret Thatcher），柴契爾夫人在唐寧街首相官邸接見艾米斯時，他便送上了一本，柴契爾夫人聽說了小說的主題，

據說她評論道：「去找另一顆水晶球吧。」接下來進入一九八〇年代初，英美政治情勢嚴重右傾。在一九八一年初，雷根入主白宮，緩和政策（Détente）已經崩盤，美國抵制了一九八〇年的莫斯科奧運，接著俄羅斯也拒絕參加一九八四年的洛杉磯奧運，「星際大戰」導彈計畫正如火如荼進行，就是在這樣白熱化的氣氛下，臨近一九八四年的倒數也進入最後階段。為了一九八〇年奧運而造訪莫斯科的西方記者馬上就感受到一種熟悉感，英國記者克里斯多夫．布克（Christopher Booker）還記得，自己和同事一起走到奧林匹克列寧體育場（Olympic Lenin Stadium），沿路兩旁站著一整排蘇聯士兵，而每一面夠大的牆面上都貼著尺寸巨大的列昂尼．布里茲涅夫海報，標語只寫著一個字：「和平！」

美國媒體再次決定徵召歐威爾成為反共產黨的先知，美國CBS電視臺的當家主播華特．克朗凱（Walter Cronkite）製作了一小時長的特別節目《再探一九八四》（*1984 Revisited*），節目於一九八三年六月播出，使用電腦模擬出老大哥的臉，將希特勒、史達林、墨索里尼、毛澤東以及西方世界目前最害怕的人：伊朗的宗教領袖何梅尼（Ruhollah Khomeini）等人的面相混合在一起。如果說這個節

目算是相當客觀，那麼新保守主義的諾曼・帕德赫羅茨（Norman Podhoretz）對自己的立場則毫無遲疑。他在《哈潑》雜誌上刊出的文章標題是〈如果歐威爾今日還活著〉（If Orwell Were Alive Today），告訴讀者若是《一九八四》的作者仍在世上，他就會起身加入小威廉・巴克利（William F. Buckley, Jr.）與亨利・季辛吉（Henry Kissinger）的行列捍衛自由。同時，歐威爾也出現在一九八三年十一月底出刊的《時代》雜誌封面上，證實了西方世界都熱切想知道這位已經作古三分之一世紀的作家會對一九八〇年代有什麼看法。

人們一直認為這本小說在背景設定的那一年應該能夠推出一部大製作的電影，在歐威爾去世三分之一個世紀後，最主要的困難就是要確認誰擁有改編權利，最後發現電影權利落在美國製作人馬文・羅森布朗（Marvin Rosenblum）手上，而他找來英國導演麥可・瑞福（Michael Radford），再加上理查・布蘭森（Richard Branson）的維珍集團（Virgin Group）提供資金挹注，於一九八三年底之前開始拍攝。羅森布朗相當急切希望能找來好萊塢一線明星來飾演主角，曾試圖說服潔美・李・寇帝斯（Jamie Lee Curtis）飾演茱莉亞，由馬龍・白蘭度

（Marlon Brando）扮演歐布萊恩，不過最後只能接受名氣較小的蘇珊娜・漢彌爾頓（Suzanna Hamilton）以及病弱的李察・波頓（Richard Burton）。至於為要確認拍攝的首要準則，羅森布朗於一九八〇年在索妮雅・布朗威爾過世前不久簽訂了合約，雙方都同意確保電影要符合現實，條約中明訂「買方會信守承諾，努力不將本片拍成像是《星際大戰》（*Star Wars*）或者《二〇〇一：太空漫遊》（*2001: A Space Odyssey*）那類科幻電影」。《一九八四》電影大多在倫敦當地拍攝，包括在真相部的原型建築，也就是倫敦大學議會大樓中取景，這一切都讓電影有一種獨特的時代感：據說瑞福和他的攝影師羅傑・迪金斯（Roger Deakins）原本打算以黑白電影的方式拍攝。飾演溫斯頓的約翰・赫特（John Hurt）在飽受轟炸的街道間漫無目的行走，或者努力爬上勝利大廈的石階，幾乎就像是倫敦大轟炸之後的難民，而針對愛國的電影觀眾所播送的建築傾頹、熊熊大火等新聞畫面，看起來就像是使用了戰爭時期的影像，更加深了這層懷疑。

在其他地方，電影中也謹慎地從幾位歷史中的暴君汲取象徵符號。瑞福的第一任妻子出生於捷克斯洛伐克，曾經加入青年先鋒隊，而帕森斯的女兒穿著自己

小小間諜（Junior Spy）的制服，在溫斯頓從真相部拖著腳步回家時就看見她站在自家公寓門口，一臉警戒，顯然就是以瑞福妻子的經歷為模板；溫斯頓牆上的海報也是仿照蘇聯政治文宣；另外，敞篷式卡車載運著罪人到勝利廣場公開處以絞刑的畫面，也很類似讓人不適的二戰時期照片，照片中納粹的貨車載運著猶太犯人到死亡集中營去。這些複雜的聯想連結正是這部電影的力量所在，同時還有幾位演員的表現，包括當時只比自己扮演的角色年輕一、兩歲左右的約翰·赫特，看起來總是挨著餓的樣子：他認為溫斯頓的困境和自己身為亨博賽德（Humberside）牧師之子的成長過程有幾分相似；波頓要求自己的連身工作服應該由薩佛街（Savile Row）的裁縫師手工縫製，他的氣度肅穆有如祭司一般，讓溫斯頓願意相信他，露出一絲看似仁慈的眼神遞上一杯酒，也給了他希望。

《一九八四》電影於一九八四年十月七日在倫敦首映，雖然相當受到好評，卻算不上賣座：發行商二十世紀福斯（Twentieth Century Fox）賺進八百四十萬美金（六百八十萬英鎊）的票房，勉強打平拍攝所花費的五百五十萬英鎊（六百八十萬美金）。在這個情況下，或許可以說歐威爾在螢幕上最無遠弗屆的影響來自

一支電視廣告，是為了介紹蘋果麥金塔家用電腦的上市，在一九八四年一月二十二日的第十八屆超級盃隆重播出，這是蘋果共同創辦人史帝夫．賈伯斯（Steve Jobs）的得意之作，因此即使董事會並不太有信心，他仍然一意孤行；這支一分鐘長的廣告由雷利．史考特（Ridley Scott）導演，一開始觀眾看見畏縮低頭、穿著連身工作服的機器人列隊行走，穿過一個裝著一整排監視螢幕的隧道，正當機器人坐著專心聆聽大螢幕上老大哥的長篇大論，出現了一名健壯的金髮女人穿著紅色短褲與白色背心上衣，衣服上印著蘋果電腦的卡通外型，手裡抓著一把大鐵鎚，她衝進房裡，後頭的思想警察正惡狠狠地追趕上來，就在老大哥向觀眾保證「我們終將得勝」時，她便將手中的武器扔向螢幕上他的影像，接下來是一陣驚天動地的爆炸，觀眾似乎凝結成嚇壞了的靜止狀態。與廣告一同出現的文字寫著：「一月二十四日，蘋果電腦將推出麥金塔，您就會知道為什麼一九八四不會像是《一九八四》。」電影片商威脅要提告之後，這支廣告就沒有再播出過，不過蘋果電腦在上市的前三個月內就銷售達到一億五千萬美金。

經過幾次錯誤的開始、合法的運作，並得以保留相當大部分多明尼克．穆道尼（Dominic Muldowney）的原始配樂，瑞福這部電影的原聲帶終於得以由英國電子合成流行樂雙人組合舞韻（Eurythmics）錄製完成，其中〈性罪（一九八四）〉（Sexcrime〔Nineteen Eighty-Four〕）在一九八四年十二月的英國單曲排行榜上名列前五名。不過流行音樂跟這本小說的連結其實可以回溯至一九六〇年代晚期，確實，或許可以說幾乎打從流行樂開始認真看待自己、開始有人將流行歌曲歌詞與配上的音樂分開來研究，這時流行樂就開始對歐威爾產生了認真的興趣。尤其是在一九六七至七〇年間，從美國西岸發展出來的音樂更是明顯，其中有許多歌曲的潛臺詞都是在譴責當地警方的粗暴手段，特別是洛杉磯警方，抗議他們監控著剛開始發展的嬉皮社群活動。靈魂樂隊（Spirit）在一九七〇年初發行的單曲〈一九八四〉（1984）被認為爭議性太大因此不能在電臺播出，歌曲中就將會偷聽人民生活的電屏對比為警方用來監控的直升機。一九八四「正敲著你家的門」，樂團主唱藍迪．加利福尼亞（Randy California）緩緩吟誦著，「你會讓它進來嗎？你會讓它毀了你的人生嗎？」有人在陰影中等候，「沒錯，他會告訴

你，黑暗所能給予的遠超過光明。」

愛樂團（Love）的專輯《永遠在變》（*Forever Changes*，一九六八年發行）中收錄的〈紅色電話〉（The Red Telephone）便是在回應一九六六年底發生在洛杉磯的日落大道暴動（「他們今天就要把人關起來／他們丟掉了鑰匙／不知道明天會是誰，是你還是我？」）。就連刻意諷刺嬉皮文化以及西岸的反主流文化，例如法蘭克．札帕（Frank Zappa）與發明之母（Mothers of Invention）的作品《我們只是為了錢》（*We're Only in It for the Money*，一九六八年發行），創作的出發點本身也是歐威爾式的：認為美國青年已經遭到專制獨裁的消費文化洗腦，這種文化打算用國家分配的一致性來取代真正的自由。

而流行音樂也像文學中一樣，時間正在倒數。英國歌手兼創作者比爾．尼爾森（Bill Nelson）對於當代倒退的文化傾向頗有微詞，指出「雖然如今都快要進入一九八四年了，感覺還像是一九六五年」。從七〇年代初期開始，音樂界的一項特色就是出現不少受到《一九八四》啟發的概念專輯：一九七三年有爵士搖滾貝斯手休．哈波（Hugh Hopper）的專輯、創世記樂團（Genesis）前吉他手安東尼．

菲利普斯（Anthony Phillips）在一九八一年的專輯、曾經加入太好樂團（Yes）的鍵盤手瑞克·威克曼（Rick Wakeman）同年也推出專輯。哈波和菲利普斯的專輯都是演奏專輯，跟歐威爾的文字沒有什麼直接連結，哈波表示「沒有特別跟這本書相關的地方，因為我討厭用兩種媒介對比，音樂是音樂、文學是文學」，不過他的樂曲聽來如夢似幻、在磁帶上循環播放著，是以大洋國的四個國家部門命名：愛部、平部、真部和豐部。另外，威克曼還製作了一套完整成熟的組曲，歌詞由提姆·萊斯（Tim Rice）填寫，儘管他坦承其中部分內容是關乎比較私人的情境，尤其〈茱莉亞〉（Julia）這首歌是獻給他妻子的，但組曲的影響力沒有太多減損。

然而，在流行世界的七〇年代及接下來的幾十年中，對這本小說最為著迷的粉絲當屬大衛·鮑伊（David Bowie）。喜愛《吉奇星塵的起落與來自火星的蜘蛛》（*The Rise of Fall of Ziggy Stardust and the Spiders from Mars*，一九七二年發行）以及《理智阿拉丁》（*Aladdin Sane*，一九七三年發行）這兩張專輯的樂迷已經注意到，鮑伊相當喜歡飽受摧殘的城市景色以及具有未來感的外星情境，事實

上，鮑伊的作品中對歐威爾的迷戀最遠至少可以追溯至《大衛．鮑伊》（David Bowie，一九六九年發行）專輯中極度反烏托邦的〈天鵝委員會〉（Cygnet Committee）一曲，歌詞中提到「而我們可以逼你自由／而我們可以逼你相信」，敘事者也坦承「我曾經讀過一本書上說戀人遭到殺害／因為他們不知道自由國度的口號」。到了一九七三年底，鮑伊已經完成了翻唱專輯《名人海報》（*Pin-ups*）的錄製，他腦中構思著更有野心的計畫：一定要將《一九八四》搬上舞臺改編成音樂劇，由他來編寫歌曲。結果在和歐威爾遺產持有人來回多次協商之後（索妮雅顯然是嚇壞了），他並未得到授權，但是相關素材包括〈我們死定了〉（We Are the Dead）、〈老大哥〉（Big Brother）、〈一九八四〉（1984）等歌曲，都在一九七四年的《鑽石狗》（*Diamond Dogs*）專輯B面重見天日。鮑伊對極權主義的興趣持續高昂，一九七六年時他稱希特勒是「第一位搖滾巨星」，而且在抵達倫敦的維多利亞車站（Victoria Station）時，據說他對一群等著他的歌迷做出納粹的敬禮手勢。有人說他為麥可．瑞福的電影製作了「有機音樂」（不管這是什麼意思），而且一直到了一九九〇年代，他仍提案希望歐威爾遺產持有人

應該授權製作歐威爾的傳記電影，並由他自己擔任主角，只是再次遭到拒絕。

在此同時，從倫敦、紐約和洛杉磯等地新形態龐克和新浪潮音樂的創作者大爆發，他們都稱歐威爾為自己的天然盟友。此時正處於保守主義復興時期，雷根總統、柴契爾夫人、福克蘭戰爭，以及（在英國就至少有）三百萬失業人口，《一九八四》的作者似乎從來沒有如此切身相關，若是他還活著，某位《新音樂快遞》（*New Musical Express*）雜誌的撰稿人便說，或許可以仰賴這個人「發言抨擊柴契爾夫人之流」，並且揭露出現代國家的獨裁傾向（衝擊合唱團〔Clash〕在一九七七年就唱著「一九八四裡的／警察來了」），英國歌手艾維斯．卡斯提洛（Elvis Costellos）在《年度模範》（*This Year's Model*，一九七八年發行）專輯中的歌曲〈夜晚示威〉（Night Rally），歌詞讀起來就像是勝利廣場上的新聞報導：「企業商標」在天空中時閃時滅，名字被記載在「禁書裡」。

美國也同樣急切地想要表達歐威爾對他們的影響，死亡甘迺迪樂團（Dead Kennedys）在一九七九年的單曲〈加州至上〉（California Über Alles）中就有一段，歌詞一開始就唱「現在是一九八四」並且繼續嚴厲譴責當時的加州州長傑

瑞・布朗（Jerry Brown），認為他在州長任期結束後便會在一九八四年角逐總統大位，目標就是要消滅目前人民所能擁有的一切自由自在。

流行文化從《一九八四》中所汲取的養分大多是提及名字，一種普遍厭惡權威、監控以及新聞控管的氛圍，種種情況無論在鐵幕內外都存在，想為此找一個象徵性的焦點，不過我們總能在意想不到之處發現與小說連結更深的證據，尤其對書中元素的興趣，或是超脫、或是反對，包括兩分鐘憎恨時間的氛圍、對語言的操弄，以及一〇一室的恐懼，例如英國歌手兼創作者保羅・威勒（Paul Weller），在當時是即興樂團（The Jam）背後的重要推手，他首先在〈標準〉（Standards）這首歌中提到這本小說，收錄在樂團第二張專輯《這是現代世界》（*This Is the Modern World*，一九七七年發行），這首歌本身抨擊了國家機器欺壓勞工的說法相當傳統也有些失焦（「我們訂的標準，我們訂的規矩／若是你不聽話，肯定是頭蠢驢」），雖然歌曲平庸，但是最後完全是歐威爾式的兩句歌詞挽救了一切：「無知就是力量，上帝站在我們這邊／聽著，你知道溫斯頓發生了什麼。」或許更具暗示性的一首歌是〈河岸故事〉（Tales from the Riverbank），一

九八一年收錄在專輯B面，歌曲讚頌著威勒小時候曾四處探險的薩里郡鄉間：「在這黃金國度中不必憂慮什麼恐懼／日出而醒來，日落便返家。」

英國流行音樂中的牧民主義可以回溯至平克佛洛伊德（Pink Floyd）的《黎明門前的風笛手》（*The Piper at the Gates of Dawn*，一九六七年發行），或許還有更早的。不過威勒在這首歌中將背景設定在了溫斯頓對鄉間安全的夢想，他所感受的安全感儘管短暫，正是他和茱莉亞在英國鄉間碰面的地方，即使到了現在，那裡也沒有監視攝影機，思想警察也鮮少出沒。

9 後真相的世界

二十世紀的最後幾個月裡，作家克里斯多夫．希鈞斯竟然成功拿到了進入朝鮮民主主義人民共和國（北韓）的簽證，就連他自己也大感意外。此時北韓「偉大的領袖」金日成已經過世，不過每間公家建築裡仍然陳列著他的肖像，其他重要的梁柱上則貼著「親愛的領袖」海報，也就是他的兒子金正日。希鈞斯在探訪北韓的整段旅程中，似乎既著迷又恐懼，他記錄了北韓公眾生活中或許會被認為符合大洋國生活的無數特點，除了許多表現出信任政權的行為之外，他還觀察到一種奇景：孩童們列隊行軍走向學校，唱著慷慨激昂的歌曲。人們必須在領子上別著雕刻親愛領袖人像的鈕扣，擴音器和廣播不斷播送著一連串政治宣傳節目。

這個國家永遠處在戰爭狀態、瞧不起外國人及外國的軍事實力，並且十分執著於群眾要一起參與體育和運動，以及大部分社交活動，在金正日的國度中禁止所有來自國境以外的新聞並且也不與其他國家接觸，在首都平壤地底下有交錯複雜的地道，連結著國家中各個鎮壓動亂的機關。北韓生活的其他特色還包括報紙上沒新聞、商店裡沒商品，而且機場跑道上幾乎沒有飛機。

這個國家只有一個地方並未達到《一九八四》中所描述的條件，那就是北韓並未能夠完全利用監控科技的好處：雖然這個政權苛刻又霸道，但實在太窮了、辦事也不牢靠，無法堅持為家家戶戶裝上電屏，甚至連大量發送收音機也做不到。另一方面，就限縮個人自由這一點來看，儘管還不至於完全消滅，不過北韓的壓迫手段則是比大洋國的禁令還要更進一步，希鈞斯相信，溫斯頓和茱莉亞不管是在鄉間或者其他地方，都完全不可能擁有一秒的私生活。而在其他地方，就像一堆迴紋針順應著磁鐵的召喚，一個個與歐威爾描寫相符的細節持續堆疊起來：在工廠和辦公室中上演的「憎恨」時間；希鈞斯參加過一次遊戲之夜，他看到畫著敵軍士兵的卡片迅速朝他逼近，最後卻變成了偉大領袖的閃亮臉龐。他在

結論中說，在這樣的社會中，個人生活完全沒有意義，所有非義務性的事務都經常遭到打壓，結果就形成了無可名狀的悲慘，「完全不必參照某本短篇小說，半個世紀前即將死去的英國激進分子和時間賽跑，拚了命迅速用老舊的打字機產出這本小說」。

歐威爾這本小說以作者自己的話來說原本是當成一種「警告」，而非預言。人們很容易就會認為，蘇聯及其衛星國家在一九八九年後關係潰散，再加上東歐國家的政治布局也產生變化，可以說這本書提出的警告已經無須在意了。如果國家社會主義已經證實失敗，那麼用來彰顯這種理念的政治宣傳工具當然也會步上退場的後塵？世界文學中散落著吸引人目光的反烏托邦作品遺骨，在當時都聲稱是預知未來的非凡之作，如今不過就是曇花一現的骨董，畢竟在二〇一九年還有誰在讀《當沉睡者醒來》或者《聯盟的祕密》？相反地，《一九八四》卻能不斷扎根於流行文化當中。雖然國際版本不斷增生，讓人很難算出整體的數字，不過從二十世紀最後十年到二十一世紀的最初十年間，估計全球銷售量已經達到四千

萬本。這本小說已經成為學校課程與各項考試大綱的必備讀物，電視節目也為了與歐威爾無關的目的而重新塑造其中元素（《一〇一室》、《老大哥》等實境節目），而以這本書為主題的諷刺作品也難免淪為模仿之作，例如美國製作人麥特．尼克斯（Matt Nix）的短片《大人物與我》（*Me and the Big Guy*，一九九九年發行），片中主角非常享受自己每天與大洋國領袖的接觸，甚至私底下也常常跟他往來。各種舞臺戲劇改編、廣播劇如雨後春筍，甚至還有一齣由美國指揮家洛林．馬捷爾（Lorin Maazel）編寫的歌劇，在二〇〇五年首演，劇中有一群就像牲口一般的合唱團，不斷在聚光燈掃射的舞臺上來來去去。如果說麥可．瑞福的《一九八四》是最後一次認真製作的大銀幕改編，卻也還有無數其他電影參考了或借用了小說營造出的氛圍：英國導演泰瑞．吉連（Terry Gilliam）的《巴西》（*Brazil*，一九八五年發行）只晚了一個月左右開始拍攝，甚至還借用了幾處瑞福的場景。

這一切當中的關鍵要素就是這本小說的通用性，能夠不斷與世界有所關聯，這是歐威爾完全無法預見的。隨著時光飛逝，評論家以及一般讀者容易對這本小

說產生的誤解也慢慢化解了。雖然蘇聯模式的經濟集中主義出現了又消失，卻還有許多其他極權政府漠視個人自治的重要性，似乎更是糟糕。記者艾瑪·拉金（Emma Larkin）在二〇〇〇年代初造訪緬甸，報導寫著當地有個笑話說歐威爾其實寫了三本跟這個國家有關的小說：《緬甸歲月》、《動物農莊》以及《一九八四》。在希鈞斯造訪北韓的二十年後，也有記者巧施妙計參加由國家監督的旅行團一遊北韓，爾後帶回報導，描寫出沒什麼人車的街道上硬生生就封了路，好排演大規模的集會遊行；還有韓戰情境的透視模型，不過卻未提到當初俄羅斯與中國的參與；「百日前進」活動中，政府期望每個人在工廠或辦公室裡都要多勞動幾個小時，並且參加額外的政治課程，而且若是記者特別頑固探究，就能看見在旅遊區域以外髒亂的風景，汙水沿著開放式的水溝流到了街道中央，房屋都是以未油漆過的水泥磚堆砌而成。

於此同時，歐威爾的地位就像是某種道德石蕊試紙，能夠浸入現代幾處發出惡臭的道德水域，這代表了只要有某個重大的自由理據似乎遭到意識形態所威脅，或者是忽略了客觀事實，就有可能將《一九八四》拿出來引用。自然，這本

書的陰影籠罩著一九九〇年代一群相當重要的知識分子。這說的就是索卡爾惡作劇（Sokal Hoax），這個名稱取自一名紐約大學物理學教授，他投稿給《社會文本》（*Social Text*）這本後現代文化研究期刊，標題是〈跨越疆界：邁向量子重力轉換詮釋學〉（Transgressing the Boundaries: Towards a Transformative Hermeneutics of Quantum Gravity），索卡爾的論文是一篇戲仿之作，刻意要揭露出他認為這本雜誌對「進步」議題都不加質疑的做法、缺乏同儕審查，還有影響其編輯運作的解構派哲學，其中寫了絕佳（且無可挑戰）的論點：「如今情況越見明朗，物理上的『真實』基本上是由社會學和語言所建構起來的。」所需要的是「解放性數學」才能夠破壞「精英科學」的規定。編輯不必抱怨索卡爾誤解了解構主義，或者科學家進行工作的方式至少受到了政治體系的間接影響，而自己也是體系中的一分子：大多數評論者最後都認為，這本期刊的編輯臺立場帶有刻意而歐威爾式的意圖，要破壞追究政治議題時可觀察到的事實。

一切還是端看使用「歐威爾式的」一詞是指什麼意思，如今在二十一世紀初，這個形容詞有各種不同個別的意思，不過有時候會出現互補之意。例如北韓

就相當符合這個詞的定義，因為其無所不在的壓迫，並且決心鎮壓公民可能擁有的任何個人直覺，這就是北韓的政治原則。在這個屬於谷歌和臉書的世界中，更常見的是應用侵入式科技：每個街角都裝設了監視攝影機、資料收集、網路使用習慣調查，還有中國的監控與人工智慧系統已經將該國人民變成一大群不斷受到放大鏡檢視的工蟻，關於這一切的討論，認為無論這些行為是多麼充滿善意，或者無論有多少商業價值，都是歐威爾式的作為，因為其目標是撒網控制住個人的生活，而撒網的人便是某些企業高層或者政府力量。最後，有人懷疑《一九八四》預言得最準確的部分（也是最可怕的部分）是在語言的領域，以及如何在戰爭中運用語言來破壞客觀事實。

幾乎每一種西方政治類型都明顯具有這種傾向。二〇一八年十二月，英國國會對脫歐議題的審議已經來到緊要關頭，保守黨議員伯納．詹金爵士（Sir Bernard Jenkin）宣稱，他發現自己處在一個「歐威爾式的」狀況裡，結果詹金是在回應一位同樣身為國會議員的托利黨人，對方說詹金公開表示反對首相所提出的脫歐提案，這樣的行為「堪比叛國」。詹金相當驚訝，這怎麼會堪比叛國？若是同意當

時提出的提案，英國便無法好好脫離歐盟。但是，大多數英國公民在公投中投票決定要脫離歐盟，而在二〇一七年大選後執政的保守黨政府在公開宣示中便有承諾，一定會遵守公投的結果。人們可以指責伯納爵士食古不化或出手阻撓，或者說他頑固地不願妥協，但是很難相信他所做的事情能夠說是「叛國」，他既未背叛自己的國家、並未背叛政黨領袖，也沒有背叛任何人，而他採取這樣公開反對的立場卻因為虛假不實的語言運用而有損傷。

人們可以感覺到，在國際事務上最近一次的「歐威爾」時刻個中關鍵就是語言，他們發現在川普（Donald Trump）就任美國總統之後的那幾週內，《一九八四》在美國的銷售預估成長了百分之九百五十。不過，大洋國的世界、兩分鐘憎恨時間以及電屏等等跟唐諾．川普有什麼真正的關聯？自從國會山莊命運般的那一天之後，便召開了不只一場座談會，辯論這位總統無可否認的極權傾向，或者提出問題：「川普是法西斯主義者嗎？」但是提出這類的問題，所能探討的內容也就那麼多，歐威爾自己早在一九四四年就承認，字詞已經失去了過去或許曾經擁有的意涵。而雖然川普或許並非自由派、刻薄懷恨、反對進步、自負虛榮、裙

帶關係複雜又抱持著排外主義，這些特質也是在許多過去法西斯領袖身上都特別明顯的，不過有一項特點是任何自認為極權政權都應該具備的關鍵，而川普完全缺乏這一點：身為領袖能夠掌控手下官員的能力。有幾個能夠自給自足的崗位上，那些人近乎迷信般信任自己的價值，以及自己受命要完成的神聖使命，但如今卻只剩下投機主義、便宜行事、背後中傷，還有混亂。

不過與《一九八四》中的世界更為相近的，或許是大部分現代美國生活中有所謂的另類事實。嚴格說起來，這在川普上任之前就已經出現了。在喬治・布希（George W. Bush）擔任總統期間，美國記者朗恩・薩斯金德（Ron Suskind）曾碰過一位白宮官員，對方批評他活在一個所謂的「以事實為本的社群」，「這個世界早就不是真的這樣運作了」，那人一派輕鬆地告訴薩斯金德：「我們製造自己的真實。」川普政府可能也在創造自己的真實，第一個出現的徵兆就是在就職典禮之後，即將上任的白宮新聞祕書西恩・史派瑟（Sean Spicer）面對一群記者時，因為記者不斷在比較參加典禮的觀眾人數以及當天稍後顯然有更多抵達華盛頓反對川普的抗議示威者，結果他大發雷霆，讓人瞠目結舌，對此，史派瑟宣稱是

「刻意造假的報導」，同時也表示支持川普的群眾是總統就職典禮有史以來所聚集最多的人數。雖說人群數量的估算並非精確的科學，但是照片顯示出的證據表明，歐巴馬就職典禮所吸引的支持者人數是其繼任者無法比擬的。這裡，川普政府顯然是使用了典型的歐威爾伎倆，想要讓人相信一個明顯的謊言。

問題被丟給了總統顧問凱莉安・康威（Kellyanne Conway），如今有毫無爭議的證據顯示有更多美國人熱切抗議她新選上總統的老闆，而非支持他，但即使證據如此刺眼，她還是要公開宣示史派瑟稱川普支持者數量超過了抗議者並不是在說謊：他只是提供了「另類事實」。自然，康威女士說出這樣的辯護之詞確實有支持她的人，我們知道她是公關出身，在她生活的世界裡，一切價值都只是權宜之計，而像是「自由」和「民主」這樣的抽象的名詞意義可以出現一百八十度轉變，扭曲原本定義的人甚至不會注意到這樣的把戲。即使如此，我們還是不能忽視她所說出的詞語：「另類事實」，這個詞彙就像「仁慈的獨裁者」或「懼神的無神論者」一樣奇怪而令人難以置信，而且說出這個詞的同時，等於是透露出創造這個詞彙的人其實根本不懂語言運作的規則，也不知道若是想要使用語言來與

他人溝通應該怎麼做。

川普執政的前兩年幾乎每週都會提供「另類事實」的例子，例如CNN就曾經在螢幕下方的新聞跑馬燈下標寫著：「川普嘲諷指控卡瓦諾（Brett Kavanaugh）的性騷者之後，白宮否認川普嘲諷指控卡瓦諾的性騷者。」[*13]就某些方面來說，或許甚至可以說這個過程改良了歐威爾小說中原本的描述，畢竟老大哥只是使了相當多的詭計來假裝自己所說的為真實：大洋國怯懦的人民所能拿到的物品配給量減少，總是被形容為「再調整」，這麼做的手法巧妙但算不上是謊言。如果川普主政的白宮面對無法反駁的某種證據，就寧可這件事沒有發生，然後乾脆否認，並且抹黑揭露證據的人或機構。隨著又一個破壞力驚人的颶風季即將到來，

13 譯注：布雷特．卡瓦諾於二〇一八年被川普總統提名為大法官候選人，在參議院的聽證會期間，陸續有三名女性出面指控卡瓦諾年輕時曾對她們性騷擾，不過因為缺乏直接證據及人證，聯邦調查局也並未查出進一步證據，因此提名程序繼續進行，最後參議院仍表決通過，卡瓦諾於該年十月六日就任大法官。

還有連續幾年加州夏天都遭遇霧霾侵襲，只要川普總統仍堅持己見，氣候還是可以一直形容為「美好無比」。

如今的美國出現了兩套二元性的資訊體系，自然讓這一切更好應付了，一套幾乎支持著總統所著手進行的每項工作，另一套則經常貶損之。憂心忡忡的媒體分析者便數度提出意見，例如一位ＢＢＣ的資深員工最近就說了，福斯新聞（Fox News）擁有決定議題走向的力量，關鍵就在於他們創造了一套單一的資訊系統，真心相信他們的人所接收的所有新聞都是來自單一而無人挑戰的觀點，只要看來有所牴觸的新聞就會被視為另類事實，最好的情況是資訊不正確，最糟的則是將有害的陌生議題惡意隱藏在真相的泉源中。種種累積下來的影響或許並不只是有好幾萬人跑去買了《一九八四》這本書，並且在川普入主白宮那個禮拜將書推上亞馬遜排行榜，只因為他們認為川普可能是個法西斯獨裁者，也不是說有什麼民主的堡壘遭到破壞（雖然川普輸了普選票，但按照規定仍是他贏得選舉，他的勝利完全不是什麼明顯的腐敗之舉，至少不像一九四八年林登．詹森（Lyndon Johnson）選舉時突然出現塞滿選票的票匭那般可疑），而應該說他登上了西方世

界的領袖位置，過程中可能有俄羅斯的介入、利用社群媒體使詐、身邊的人整體看起來都很糟糕，還有其中有所讓步的動機，這一切都象徵著這個世界的道德羅盤出了點問題。

歐威爾對「另類事實」會怎麼想？他曾經任職的機構工作內容，就是對遭遇入侵威脅的東南亞國家播送政治宣傳，以他這樣的背景，他大概會指出這些混淆不僅僅是全面戰爭下的間接傷害，畢竟誰能夠真的抱怨，英國皇家空軍誇大了在不列顛戰役中被擊落的納粹飛機數量呢？這種手段基本上就是當代獨裁者與混淆真相者面對世界的方式。這一切不只說明了《一九八四》與當代的關係（雖然對小說不一定都是好事），也證明這本書能夠吸引各種不同類型的讀者。對於為歐威爾作傳的人來說，重要的是小說中透露了什麼與作者有關的事情，以及隱藏在書頁之下的私人過往；對於文學專家而言，這本書是過去半個世紀以來定義了反烏托邦類型的模板，這類作品幾乎都會創造出另一個世界，對自身存在的篤定帶著近乎信仰的感覺（以瑪格麗特・愛特伍〔Margaret Atwood〕筆下《使女的故事》〔*The Handmaid's Tale*〕來說，絕對是虔誠的信仰），面對著一小撮忘恩負義

的傢伙密謀反抗。

不過，以心理學家的角度來看，小說中對疏離感有非常深入的探究；同時對歷史學家而言，這本書本質上就是設想出第二次世界大戰的可能結果，其中有許多事件的細節可以追溯至特殊事件，例如溫斯頓在日記中寫下，記錄自己觀看一段政宣影片，畫面上一艘載滿難民的救生船遭到轟炸，有些評論者懷疑這會不會是為了紀念一九四二年蘇聯潛艦以魚雷擊沉斯楚馬號（Struma），當時船上載著八百名猶太人，想要把他們從羅馬尼亞運送到巴勒斯坦，決定性的線索就是日期，四月四日正好是納粹黨衛隊成立週年，同盟國軍隊也在這天進入德國奧爾德魯夫（Ohrdurf）的強迫勞動營，親眼見證了罪大惡極的大屠殺。這一切可能都忽略了每一本書寫作時一項最為重要的背景因素，無論是好是壞，不過寫作時的周圍環境很重要。任何人只要稍微知道一點歐威爾的生平，他們在閱讀《一九八四》時就不可能不去想著一個又高又瘦弱的男人，身體衰敗，一手夾著燃燒著的香菸，彎著腰伏在打字機前，臥室裡塞滿了東西卻又暖不起來，屋外來自北大西洋的寒風猛烈敲打著窗戶，而在他腳邊，一個小男孩在壁爐前的地毯上玩玩具。

最後，在歐威爾即將完成這項有如海克力斯的神話任務之時，他的心理狀態究竟如何？我們應該謹記，這份工作耗費他五年時間才完成，為了小說最後的奮力一搏很可能要了他的命，當他放下筆的那一刻是什麼感覺？一般評論家都認為他已經耗盡了最後一分氣力，《一九八四》讀起來會如此令人害怕，就是他身上致命疾病不斷在體內折磨著他的直接影響。不過他的朋友喬治·伍德考克並不這麼想，他認為歐威爾為了完成這本最後的小說讓自己經歷的種種考驗，其實有某種淨化作用，寫出了縈繞自己心頭上的恐懼，也就將這些恐懼排出了體外，這麼說來或許相當有趣，不過歐威爾當可安息。

〔附錄〕

《一九八四》手稿

歐威爾的遺孀索妮雅後來表示，他「不太懂得保存手稿」。在歐威爾死後不久她去了一趟朱拉島，在臥室裡發現了一大疊修改過的打字稿以及幾張有手寫字跡的紙張，歐威爾就是在這裡寫完大部分的《一九八四》，因此她認為這就是他打字打出小說的最終版本並在一九四八年底寄給塞柯與沃伯格出版社的手稿，這也不無合理之處。她將這批稿件捐給一個在一九五二年六月舉行的慈善拍賣會，由紐約的史奎布納出版社（Scribner's）以五十英鎊（一百四十美金）買下，後來史奎布納又以兩百七十五美金（九十八英鎊）轉賣給堪薩斯州的一名收藏家；一

九六九年，書商丹尼爾・席格（Daniel G. Siegel）以五千美金（兩千零九十三英鎊）買下，目前手稿收藏在布朗大學（Brown University）。

調查後顯示這份手稿並不完整，事實上，整本完成的小說只有百分之四十得以留存下來。留下來的手稿可以分成四個部分：有十三頁草稿是歐威爾在一九四六年夏天所寫的、有九頁則是一九四七年的修稿、有一頁來自於克里斯登太太打字的版本，剩下的（也是目前最大一部分）則是歐威爾在一九四八年的最終修改。這些改寫多數的更動幅度都很大，席格表示：「這些書頁平淡無奇，頁面上有用墨水打字及手寫的痕跡，接著又有墨水的修改，在打字完成的稿件上還有大量覆蓋的字跡。」

大部分修改都顯示出歐威爾努力精簡文句，刪掉冗長的詞語、拿掉多餘的形容，不過有三段相當有分量的段落最後未能出現在完成的版本中。一段是描寫溫斯頓在無產階級電影院觀看的政治宣傳影片中一幕恐怖的場景，影片中一名黑人女性正遭受刑罰，她墮胎流出的胎兒屍體也遭到毀壞。還有一段是描述前往歐布萊恩公寓的路程。最後一段最是有趣，尤其是以小說的結局來看，這一幕是溫斯

頓和茱莉亞離開與歐布萊恩的會面後，兩人再次見面，這裡溫斯頓感受到「一股奇特的感覺，雖然她在這裡等他是為了安排下一次見面，但是她給他的擁抱似乎是為了說出某種道別」。

也有幾處自我審查的痕跡，因此在政治宣傳影片裡「一名肥胖的老猶太人」努力游泳躲避追趕著他的直升機，便成了「身形龐大的大胖子」。類似的狀況也出現在溫斯頓於仁愛部接受訊問的草稿，他們讓他看茱莉亞和他自己的照片，這段描述的刺激程度調高了一、兩度，照片中的證據是「茱莉亞和他自己正在做愛的畫面」。更多資訊可參見彼得・戴維森所編的《喬治歐威爾：一九八四：現存手稿複寫本：由丹尼爾・席格作序》（*George Orwell: Nineteen Eighty-Four: The Facsimile of the Extant Manuscript: With a Preface by Daniel G. Siegel*，一九八四年出版）。

謝詞

引述自歐威爾出版著作的段落已經得到AM希斯有限公司（A.M. Heath Ltd.）的授權，感謝他們的好意。

我特別希望向大衛・萊恩致意，他願意讓我先睹為快，一讀他才剛出版的著作《螢幕上的喬治歐威爾》（*George Orwell on Screen*）。另外也要非常感謝彼得・戴維森教授、倫敦大學學院特別收藏室主任莎拉・艾契森（Sarah Aitchison）、喬治・凱伊（George Kee）、比爾・漢彌爾頓（Bill Hamilton）、珍恩・席頓教授（Jean Seaton）、葛登・懷斯（Gordon Wise），以及理查・布萊爾。

注解及延伸閱讀

關於歐威爾有五本完整的傳記，作者分別為伯納德・克里克（一九八〇年出版並有改版）、麥可・薛爾登（Michael Shelden，一九九一年出版）、傑佛瑞・邁爾斯（Jeffrey Meyers，二〇〇〇年出版）、葛登・包克（Gordon Bowker，二〇〇三年出版）以及D・J・泰勒（二〇〇三年出版），每一本都包含著關於《一九八四》寫作的有用材料。彼得・戴維森教授編纂了歐威爾的《作品全集》，總共有二十卷（一九九八年出版），其中特別相關的是《卷十五：蹉跎兩年時光：一九四三年》（*Volume XV: Two Wasted Years: 1943*）、《卷十六：我努力說出真相：一九四三至四四年》（*Volume XVI: I Have Tried to Tell the Truth: 1943-1944*）、《卷十七：我屬於左派：一九四五年》（*Volume XVII: I Belong to the Left: 1945*）、《卷十八：淹沒在新聞報導裡：一九四六年》（*Volume XVIII:*

Smothered Under Journalism: 1946）、《卷十九：我是這樣想的：一九四七至四八年》（*Volume XIX: It Is What I Think: 1947-1948*）、《卷二十：我們的工作是讓人值得活著：一九四九至五〇年》（*Volume XX: Our Job Is to Make Life Worth Living: 1949-1950*），同時參見戴維森的補卷《佚失的歐威爾》（*The Lost Orwell*，二〇〇六年出版）。

另外也推薦幾本近期出版的評論研究：克里斯多夫・希鈞斯《歐威爾的勝利》（*Orwell's Victory*，二〇〇二年出版，後來的版本改書名為《為什麼歐威爾很重要》〔*Why Orwell Matters*〕）、約翰・羅登（John Rodden）編輯《劍橋指南：喬治歐威爾》（*The Cambridge Companion to George Orwell*，二〇〇七年出版）、羅伯特・科爾斯《喬治歐威爾：英國反叛分子》（*George Orwell: English Rebel*，二〇一三年出版），還有大衛・多萬《自由、平等與欺詐：歐威爾的政治理想》（*Liberty, Equality & Humbug: Orwell's Political Ideals*，二〇一八年出版）。同時參見丹尼斯・葛羅佛（Dennis Glover）最近以歐威爾下半人生為本所撰寫的小說《歐洲的最後一人》（*The Last Man in Europe*，二〇一七年出版）。還有一本書是歐威爾的密友所寫下珍貴的心理側寫，參見安東尼・鮑威爾《讓球滾動：卷一：春日裡的嬰孩》（*To Keep the Ball Rolling: Volume I: Infants of the Spring*，一九七六年出版）頁一二九—四二。

1 恐怖的強權

有不少關於《一九八四》的書評，參見傑佛瑞．邁爾斯編輯《喬治歐威爾：遺世評論》（*George Orwell: The Critical Heritage*，一九七五年出版）頁二四七—九三。〈這本書似乎頗受好評〉，歐威爾寫給李歐納．摩爾的信，一九四九年六月二十二日。戴維森編輯《作品全集卷二十》，頁一四〇。關於伯納德．克里克的評論，參見〈《一九八四》：情境與爭議〉，收錄於羅登編輯《劍橋指南：喬治歐威爾》，頁一四六。關於國際政治的背景，參見傑瑞米．艾薩克斯（Jeremy Issacs）與泰勒．道寧（Taylor Downing）《冷戰》（*Cold War*，一九九八年出版），頁二三一—六一。

安東尼．鮑威爾還記得自己在一九四九年十月去醫院探望歐威爾的情形，收錄於《春日裡的嬰孩》，頁一四一。一九四九年聖誕節下午去見他的朋友是馬爾科．蒙格瑞奇。

2 成為作家之路

「他的想像力在某一方面來看是很了不起」，安東尼．鮑威爾《綜合意見：關於作家的文章，一九四六年至一九八九年》（*Miscellaneous Verdicts: Writings on Writers 1946-*

1989，一九九〇年出版），頁二八三。關於他和潔辛塔·巴迪康的關係，參見她的著作《艾瑞克與我們：緬懷喬治歐威爾》（*Eric and Us: A Remembrance of George Orwell*，一九七四年出版，二〇〇六年改版）。理查·瑞斯回憶跟歐威爾討論在紙上看見自己名字的對話，《喬治歐威爾：勝利營的逃犯》（*George Orwell: Fugitive from the Camp of Victory*，一九六一年出版），頁四四。

關於歐威爾在戰前的名聲，參見弗瑞德·沃伯格《紳士的職業》（*An Occupation for Gentlemen*，一九五九年出版），頁二三一。「萬一我在這幾年間斷氣」，歐威爾寫給理查·瑞斯的信，一九四六年七月五日，《作品全集卷十八》，頁三四〇。安東尼·鮑威爾敘述歐威爾喜歡使用「鄉村」的譬喻，《一九八五》，頁二三七。關於〈鏗鏘〉，參見戴維森編輯，《作品全集卷十：某種強迫性：一九〇三至一九三六年》（*Complete Works Volume X: A Kind of Compulsion: 1903-1936*），頁二五四—六〇。關於傑克·邦斯德，D·J·泰勒，〈他把我兄弟寫進書裡〉，收錄於馬克·巴斯崔奇（Mark Bostridge）編輯《販賣人生：傳記作家的故事》（*Lives for Sale: Biographers' Tales*，二〇〇四年），頁一七七—八〇。

3 影響及啟發

〈我為何寫作〉原本是發表在《流浪漢》（*Gangrel*）雜誌，參見《作品全集卷十八》，頁三一六—二一。「我不了解也對政治沒興趣」，寫給艾琳諾·賈克斯的信，一九三一年十月二十二日（私人收藏）。「既然我的書已經出版了」，寫給艾琳諾的信，一九三六年一月十五日（私人收藏）。關於歐威爾在維根的經歷，參見寇爾斯《英國反叛分子》，頁五五—六。他出發去西班牙的不久之前跟一位出版商見過面，就是弗瑞德·沃伯格，《紳士的職業》，頁二三一。

「然而我在你臉上所看見的」，這整首詩開頭是「那義大利士兵跟我握了手」，出現在散文〈回首西班牙戰爭〉，戴維森編輯《作品全集卷十三：所有政治宣傳都是謊言》（*Complete Works Volume XIII: All Propaganda Is Lies*），頁四九六—五一一。原本是出現在一九四三年的雜誌《新道路》（*New Road*）上，不過實際的寫成日期未知。多斯·帕索斯的信件引述於鮑威爾的著作《綜合意見》，頁二五一。

歐威爾在《論壇報》上針對傑克·倫敦、H·G·威爾斯、阿道斯·赫胥黎以及厄尼斯特·布拉瑪等人的反烏托邦小說發表書評，於一九四〇年七月十二日刊登在《論壇報》上，重刊在戴維森編輯《作品全集卷十二：還是個愛國者：一九四〇至四一年》

（*Complete Works Volume XII: A Patriot After All: 1940-1941*），頁二一〇—二一三。關於歐威爾在BBC的時期，參見W・J・維斯特（W.J. West）《更大的惡行：一九八四：諷刺小說背後的真相》（*A Larger Evils: Nineteen Eighty-Four: The Truth Behind the Satire*，一九九二年出版），頁五五—六五；戴斯蒙・艾佛瑞（Desmond Avery）《喬治歐威爾一九四二年在BBC》（*George Orwell at the BBC in 1942*，二〇一七年出版）。「德國透過無線電宣布」，一九四二年六月十一日日記，戴維森編輯《所有政治宣傳都是謊言》，頁三五五—六。

關於歐威爾對BBC的意見（「大概介於女校和瘋人院之間」），一九四二年三月十四日日記，《作品全集卷十三》，頁二二九。「浪費了兩年」，寫給菲利普・拉夫的信，一九四三年十二月九日，《作品全集卷十六》，頁二二。關於「讓我們的政治宣傳看起來沒有其他人會做的那般噁心」等意見都寫在給喬治・伍德考克的信，一九四二年十二月二日，《作品全集卷十四：保持這一小方乾淨：一九四二至四三年》（*Complete Works Volume XIV: Keeping Our Little Corner Clean: 1942-1943*），頁二一三。「唯一能夠聽到有人唱歌的時候」，一九四二年六月十日日記，來源同上，頁三五四。

4 且停且走的寫作

「我一開始是在一九四三年想到的」，歐威爾寫給弗瑞德·沃伯格的信，一九四八年十月二十二日，《作品全集卷十九》，頁四五七。寫給羅傑·森豪斯的信於一九四八年十二月二十六日寄出，《作品全集卷十九》，頁四八七—八八。戴維森在書中記錄了歐威爾對「速度與死亡」以及「歐洲的最後一人」的筆記，並且有實際討論，收錄於《作品全集卷十五》的附錄，頁三五六—七〇。

「隨我的意」專欄關於極權主義並不在乎客觀事實的討論刊登在一九四四年二月四日的《論壇報》，《作品全集卷十六》，頁八八—九。針對海耶克所著《通往農奴制之路》刊登在一九四四年四月九日的《觀察家報》，《作品全集卷十六》，頁一四九。關於寫給諾威爾·威爾麥特的信，來源同上，頁一九〇—一。關於貝克，以及歐威爾與C·D·達林頓的書信往返，戴維森編輯《佚失的歐威爾》，頁一二八—三三。

寫給瑞納·赫本斯托的信件於一九四四年七月十七日寄出，《作品全集卷十六》，頁二九〇—一。喬治·伍德考克回想起聽著歐威爾的茶桌談話，收錄於《水晶精神：喬治歐威爾研究》（*The Crystal Spirit: A Study of George Orwell*，一九六七年出版），頁二八。沃伯格重新刊印塞柯內部的備忘錄，《所有作者皆平等》（*All Authors Are Equal*，一九七三

年出版），頁九三。

「……生了這種病也挺不舒服的」，歐威爾寫給安妮·帕普漢（Anne Popham）的信，一九四六年三月十五日，《作品全集卷十八》，頁一五三。關於日記中的記載「在赫布里迪擁有自己的島嶼」，《作品全集卷十二：還是個愛國者：一九四〇至四一年》，頁一八八。〈自由與幸福〉刊登在一九四六年一月四日的《論壇報》，《作品全集卷十八》，頁一三—一六。寫給沃伯格談論薩米爾欽的信件於一九四八年十一月二十二日寄出，《作品全集卷十九》，頁四七一—二。〈雖然只是廢物，但誰能抗拒？〉刊登在一九四六年一月五日的《倫敦標準晚報》，《作品全集卷十八》，頁一七—一九。

5 朱拉島歲月

歐威爾寫給休伊·史雷特的信件中，以他的別名「亨弗瑞」（Humphrey）稱呼之，於一九四六年九月二十六日寄出，《作品全集卷十八》，頁四〇八。關於歐威爾與大衛·霍布魯克的關係，參見泰勒《歐威爾的一生》（*Orwell: The Life*），頁三七七—七九。

〈你和原子彈〉刊登在一九四五年十月十九日的《論壇報》，《作品全集卷十七》，頁三一九—二一。〈關於詹姆斯·伯納姆的再思考〉，《作品全集卷十八》，頁二六八—

二八四。介紹傑克．倫敦，《對生命的熱愛及其他故事》（*Love of Life and Other Stories*），《作品全集卷十八》，頁三五一—七。〈文學的預防〉刊登在一九四六年一月的《論戰》（*Polemic*），《作品全集卷十八》，頁三六九—八〇。〈政治與英語〉刊登在一九四六年四月的《地平線》，《作品全集卷十八》，頁四二一—三〇。

一九四七年春天從朱拉島寄出的信件上大多寫著《一九八四》的寫作進度，分別寄給了法蘭克．巴柏（Frank D. Barber）（四月十五日）、喬治．伍德考克（五月二十六日），以及李歐納．摩爾（五月二十一日），《作品全集卷十九》，頁一二六、一四六—七、一四四—五。歐威爾在五月三十一日寫信給沃伯格，來源同上，頁一四九—五〇。

寫給索妮雅的信於一九四七年四月十二日寄出，《作品全集卷十九》，頁一二二—四。關於索妮雅以及她可能對《一九八四》的貢獻，參見希拉蕊．史柏林《虛構局的女孩：描述索妮雅歐威爾》（*The Girl from the Fiction Department: A Portrait of Sonia Orwell*，二〇〇二年出版），散見書中記述。一九三二年九月十九日寫給艾琳諾．賈克斯的信重印在《作品全集卷十》，頁二六九。麥可．布瑞南（Michael G. Brennan）討論歐威爾想要將宗教信仰同等對比成左翼與右翼的獨裁形式，參見《喬治歐威爾與宗教》（*George Orwell and Religion*，二〇一七年出版），散見書中記述。關於拉斯基《信念、理性與文明》的評論並未公開發表，刊印於《作品全集卷十六》，頁一二二—五。關於〈世紀之末〉，參見

莎莉・柯尼安（Sally Conian）〈歐威爾與一九八四的起源〉，《泰晤士報文學增刊》一九九九年十二月三十一日。

「我寫書的進度非常慢」，寫給喬治・伍德考克的信件，一九四七年六月九日，《作品全集卷十九》，頁一五四—五。「小說的進度相當不錯」，寫給李歐納・摩爾的信件，一九四七年七月二十八日，《作品全集卷十九》，頁一七七—八。寫給沃伯格的信件於九月一日寄出，來源同上，頁一九六—七。

「我的健康一直都很糟糕」，寫給亞瑟・庫斯勒的信件，一九四七年九月二十日，《作品全集卷十九》，頁二〇六—七。「小說的進行沒有預想中那麼快」，寫給喬治・伍德考克的信件，一九四七年十月二十一日，來源同上，頁二二一。寫給李歐納・摩爾的信上抱怨著「肺部發炎」於十月三十一日寄出，來源同上，頁二二四。接下來的信件中則表示自己打算待在床上靜養，於十一月七日寄出，來源同上，頁二二五。「我其實已經病了好幾個月」，寫給庫斯勒的信件，十一月二十四日，來源同上，頁二二六—七。寫給《觀察家報》弗德瑞克・湯姆林森（Frederick Tomlinson）的信件於同日寄出，來源同上，頁二二七。

「我想我的身體現在真的比較好了」，寫給摩爾的信件，一九四七年十一月三十日，《作品全集卷十九》，頁二三一。第二封信的日期在十二月七日，來源同上，頁二三三—

四。歐威爾同一天也寫信給希莉亞・柯宛，來源同上，頁二三三。從黑爾麥爾醫院寫給朱利恩・西蒙斯的信件日期是十二月二十六日，來源同上，頁二三六。

「今天我照X光的時候」，寫給希莉亞・柯宛的信件，一九四八年一月二十日，《作品全集卷十九》，頁二五七。關於自己「虛弱又瘦到讓人心驚」的評語寫在給希莉亞的第二封信，日期為五月二十七日，來源同上，頁三四四。「我沒辦法認真工作」，寫給西蒙斯的信件，一九四八年一月二日，來源同上，頁二四九—五〇。給沃伯格的進度報告於二月四日寄出，來源同上，頁二六四。

寫給羅傑・森豪斯的信件日期為「星期四」（可能是五月十三日或二十日），《作品全集卷十九》，頁三三七—八。「當然我有很長一段時間都得過著半病廢的生活」，寫給摩爾的信件，一九四八年七月十五日，來源同上，頁四〇三。沃伯格在七月十九日的信件重新刊印在《作品全集卷十九》，頁四〇八—九。

「朱拉島就是歐威爾想去的地方」，沃伯格《所有作者皆平等》，頁一〇一。「我只有半天時間能夠站起身來」，寫給摩爾的信件，一九四八年八月三日，《作品全集卷十九》，頁四一四。寫給艾斯托的信件日期為一九四八年十月九日，來源同上，頁四五〇。接下來寫給西蒙斯與鮑威爾的信件日期為十月二十九日及十一月十五日，來源同上，頁四六〇、四六七。寫給摩爾及沃伯格的信件日期為十月二十二日，來源同上，頁四五六—

七。關於打算招募打字員，寫給摩爾的信件日期為一九四八年十月二十九日，而來自森豪斯的信件日期則為十一月二日，來源同上，頁四五九—六〇、四六三。沃伯格討論著《一九八四》最終定稿的打字以及認為歐威爾「他可能因為完全輕忽了自己的病情而害死自己」，《所有作者皆平等》，頁一〇一—二。索妮雅的評論也由費維爾引述於《喬治歐威爾：個人回憶錄》（*George Orwell: A Personal Memoir*，一九八二年出版），頁一六〇。

寫給沃伯格的信件，一九四八年十一月二十二日，《作品全集卷十九》，頁四七一—二。寫給葛雯．歐修內西的信件日期為十一月二十八日，來源同上，頁四七五—六。寫給摩爾的信件於十二月四日寄出，來源同上，頁四七八。寫給托斯可．費維爾的信件，十二月十八日，來源同上，頁四八四。愛芮兒的信件於十二月十四日，來源同上，頁四八二—三。「後者我在接下來幾天就會寫完並寄出」，寫給大衛．艾斯托的信件，十二月二十一日，來源同上，頁四八五—六。

6 歐洲的最後一人

沃伯格關於《一九八四》的報告，日期為一九四八年十二月十三日，重新刊載在《所有作者皆平等》，頁一〇三—六。法拉爾的評論刊印在《作品全集卷十九》，頁四八二。

歐威爾寫給沃伯格的信，日期為十二月二十一日，來源同上，頁四八六—七。

「我希望這可憐的傢伙能好起來」，布魯斯・迪克寫給大衛・艾斯托的信，一九四九年一月五日，《作品全集卷二十》，頁一三—四。關於托斯可・費維爾與妻子瑪麗到克蘭漢探望的過程，T・R・費維爾《喬治歐威爾：個人回憶錄》，頁一六二。「我想他大概活不過一年了」，《所有作者皆平等》，頁一〇九。寫給理查・瑞斯關於校稿的信件於一月二十八日寄出，《作品全集卷二十》，頁二八—九。

「我寫了一堆廢話」，寫給杜懷特・麥克唐諾的信件，一九四九年一月二十七日，《作品全集卷二十》，頁二七—八。「等我的新書出版了我會寄給你一本」，寫給希莉亞・科宛的信件，二月十三日，來源同上，頁四一。寫給羅傑・森豪斯的信件於一九四九年三月二日寄出，來源同上，頁五〇。

沃伯格在《所有作者皆平等》重印了自己在三月八日的信件，頁一一〇。「我感覺很不舒服」，寫給希莉亞・科宛的信件，二月二十七日或三月六日，《作品全集卷二十》，頁四九。寫給瑞斯和羅伯特・吉魯的信件分別於四月六日及四月十四日寄出，來源同上，頁八一、八四—五。關於四月二十二日寫給沃伯格的信，來源同上，頁九五。「病入膏肓」，寫給S・M・列維塔斯（S. M. Levitas）的信件日期為五月二日，來源同上，頁一〇四。「我狀況很糟糕」，寫給艾斯托的信，一九四九年五月九日，來源同上，頁一〇八。

沃伯格在五月十三日的信件，參見《所有作者皆平等》，頁一一一。

關於五月十六日寄給沃伯格的信件，《作品全集卷二十》，頁一一六—七。莫爾蘭醫師的報告，來源同上，頁一二二。歐威爾寫給沃伯格講述自己檢查結果的信件，來源同上，頁一二一—二。關於蒙格瑞奇談論《一九八四》，泰勒《歐威爾的一生》，頁四〇二—三。沃伯格在五月三十日大部分的信件都重印在《所有作者皆平等》，頁一一三—四。

邁爾斯在《喬治歐威爾：遺世評論》中選錄多篇《一九八四》的書評。沃伯格在《所有作者皆平等》中討論銷售數字，頁一一四—五。關於出版初期讀者的反應，大衛．普萊斯—瓊斯寫給作者；約翰．多斯．帕索斯於一九四九年十月八日信件的概述收錄在《作品全集卷二十》，頁一七四。

歐威爾於一九四九年八月二十二日寫給沃伯格的信，《作品全集卷二十》，頁一五九。他和索妮雅的婚禮相關描述引自索妮雅友人潔妮塔．帕拉德（Janetta Parladé）未公開的回憶錄（私人收藏）。關於最後那幾週，《歐威爾的一生》，頁四一六—八。

7 冷戰戰士

關於歐威爾於一九四九年六月二十二日寫給維農・理查斯的信件，《作品全集卷二十》，頁一四〇—一。佩里格林・沃索恩的話引述於弗朗西絲・史通納・桑德斯（Frances Stonor Saunders）《誰付錢給吹笛手？中情局與文化冷戰》（*Who Paid the Piper? The CIA and the Cultural Cold War*，一九九九年出版），頁三〇〇。戴維森在書中重印並討論了歐威爾的「論述」，《作品全集卷二十》，頁一三四—六。歐威爾寫給摩爾的信件中討論了西德尼・薛爾頓的提案，於八月二十二日寄出，來源同上，頁一五八—九。

「發現首相正埋首於喬治・歐威爾的《一九八四》」，莫倫大人《溫斯頓邱吉爾：掙扎求生：一九四〇至一九六五年》（*Winston Churchill: The Struggle for Survival: 1940-1965*，一九六六年出版），一九五三年二月十九日。伯吉斯《一九八五》一書的引述，頁一八；「大家清醒一點」，來源同上，頁六三、六七。關於歐威爾特別針對蘇聯政權，參見羅伯特・康奎斯特〈歐威爾、社會主義及冷戰〉，收錄於羅登編輯《劍橋指南：喬治歐威爾》，頁一三〇。

關於CBS第一攝影棚在一九五三年的改編戲劇，參見大衛・萊恩《螢幕上的喬治歐威爾：電影電視上的改編、紀錄片與紀錄戲劇》（*George Orwell on Screen: Adaptation,*

Documentaries and Docudramas on Film and Television，二〇一八年出版），頁一三一—二一。關於拉斯馮、史坦及CIA在一九五六年好萊塢改編的涉入情形，參見萊恩，頁五三—六二；以及史通納．桑德斯，頁二九五—八。萊恩在書中對於一九五四年的BBC版本有廣泛討論，並且概述了媒體反應，頁二二一—三八。

金斯利．艾米斯於一九六九年四月五日寫給M．G．薛洛克（M. G. Sherlock）的信件，重印於札克里．利得（Zachary Leader）編輯《金斯利艾米斯書信集》（*The Letters of Kingsley Amis*，二〇〇〇年出版），頁七一〇—一。切斯瓦夫．米洛什由邁爾斯引述於《喬治歐威爾：遺世評論》，頁二八六。關於費維爾對媒體評論的分析，《喬治歐威爾：個人回憶錄》，頁二〇一。提摩西．賈頓．艾許〈我們這個時代的歐威爾〉，《衛報》，二〇〇一年五月五日。克里克寫下這本小說的不同詮釋，〈《一九八四》：情境與爭議〉，羅登編輯《劍橋指南：喬治歐威爾》，頁一四六。關於英國國會針對「歐威爾測試」提案，大衛．多萬《自由、平等與欺詐》，頁一。

大衛．萊恩為一九六五年BBC的版本提供實用的細節，收錄於《螢幕上的喬治歐威爾》，頁八八—九三。葛登．費爾普斯，〈今日的小說〉，收錄於波瑞斯．福特（Boris Ford）編輯《英國文學鵜鶘指南卷七：現代》（*The Pelican Guide to English Literature Volume 7: The Modern Age*，一九六一年出版），頁四九二。伍德考克《水晶精神》，頁四

九。雷蒙．威廉斯在自己的豐塔納現代大師研究中選擇《一九八四》為主題，《歐威爾》（*Orwell*，一九七一年出版），頁七四—八〇。

8 接近揭曉日期

克里斯多夫．斯莫《通往愛部之路：喬治歐威爾，國家與上帝》（*The Road to Miniluv: George Orwell, the State and God*，一九七五年出版），頁一三。關於英國在一九七〇年代的政治局勢，參見菲利普．懷黑德（Phillip Whitehead）編輯《牆上的文字：七〇年代的英國》（*The Writing on the Wall: Britain in the Seventies*，一九八五年出版），散見書中記述。關於一九八〇年奧運的敘述以及歐威爾在其中的影響，參見克里斯多夫．布克《奧運戰爭》（*The Games War*，一九八〇年出版），散見書中記述。

關於索妮雅與馬文．羅森布朗的合約，參見萊恩《螢幕上的喬治歐威爾》，頁一四一。關於麥可．瑞福的電影以及一九八四年的蘋果電腦廣告，來源同上，頁一三五—一五六、二二一—二。伊恩．麥克唐諾（Ian Macdonald）在《人民的音樂》（*The People's Music*，二〇〇三年出版）中描寫愛與精神，頁一一七—二二、一六三。休．哈波的評論引述於葛拉漢．班奈特（Graham Bennett）《軟機械：超級無敵誇張》（*Soft Machine: Out-*

Bloody-Rageous，二〇〇五年出版），頁二四六。〈河岸故事〉的歌詞重印於保羅・威勒《郊區一〇〇：精選歌詞》（*Suburban 100: Selected Lyrics*，二〇〇七年出版），頁一七一八。

9 後真相的世界

克里斯多夫・希鈞斯《歐威爾的勝利》，頁五二一四。關於一九九〇年代晚期的緬甸，參見艾瑪・拉金《祕密歷史：在緬甸茶坊裡尋找喬治歐威爾》（*Secret Histories: Finding George Orwell in a Burmese Teashop*，二〇〇五年出版）。朗恩・薩斯金德，引述於歐文・班奈特—瓊斯（Owen Bennett-Jones），〈ＢＢＣ的麻煩〉，《倫敦書評》（*London Review of Books*）二〇一八年十二月二十日，頁三二。麥可・布瑞南讓眾人注意到四月四日這個日期的重要性，《喬治歐威爾與宗教》，頁一四七。伍德考克寫到關於《一九八四》對歐威爾的「排毒」效果，《水晶精神》，頁五五。

年表

一九〇三年六月二十五日

艾瑞克・亞瑟・布萊爾於印度孟加拉莫蒂哈里出生，為理查・沃麥斯里・布萊爾及其妻子愛妲的兒子。

一九〇四年

愛妲・布萊爾帶著艾瑞克與女兒瑪喬麗回到英國。次女愛芮兒於一九〇八年出生，一家人定居於牛津郡的泰晤士河畔亨利（Henley-on-Thames）。

一九一一至一九一六年

進入塞薩克斯郡伊斯特本的預校聖西普里安學校寄宿。

一九一七至一九二一年

拿到英王獎學金進入柏克郡的伊頓公學

一九〇一年五月二十日

英國國王愛德華七世駕崩，喬治五世繼位。

一九一四年七月二十八日

第一次世界大戰開始。

一九一七年三月八日

俄國革命展開。

一九一八年十一月十一日

第一次世界大戰結束。

一九二二至一九二七年

加入緬甸的印度帝國警察服務，一九二七年秋天回到英國時辭職。

一九二七至一九三二年

多次出遊漫步在倫敦周圍各郡，與父母住在薩福克郡索斯沃德，住在巴黎的工人區並在學校教書。一九三二年決定將名字改為「喬治・歐威爾」。

一九二四年一月

工黨政府首次在英國執政。

一九二六年五月三日

英國大罷工。

一九二九年十月二十四至二十九日

華爾街股災。

一九三三年一月九日

出版第一本書《巴黎倫敦落魄記》。在米德塞克斯郡阿克斯橋的弗雷公校教書時，染上肺炎而病重，因此回到索斯沃德休養。

一九三一年九月十九日

英國拋棄金本位。

一九三一年十月二十七日

拉姆齊·麥克唐納的國民政府在大選中大獲全勝。

一九三三年一月三十日

希特勒成為德國總理。

一九三三年二月四日

法蘭克林·羅斯福成為美國總統。

一九三四年十月
出版第一本小說《緬甸歲月》。
一九三四年十一月
搬到倫敦在漢普斯德一家書店兼職。
一九三五年三月十一日
出版第二本小說《牧師的女兒》。
一九三六年一至三月
至英格蘭北部旅遊，收集素材撰寫一本關於貧窮地區的書。

一九三六年一月二十日
英王喬治五世駕崩，愛德華八世繼位。
一九三六年三月七日
德國重新占領萊茵蘭地區（Rhineland）。

一九三六年四月

搬遷至赫特福德俊瓦靈頓的房子「店家」（The Stores）。

一九三六年四月二十日

出版第三本小說《讓葉蘭飛揚》。

一九三六年六月九日

與愛琳・歐修內西結婚。

一九三六年十二月

前往西班牙參與西班牙內戰，加入共和軍。

一九三六年七月十八日

西班牙內戰開始。

一九三六年十二月十日

愛德華八世退位，喬治六世繼位。

一九三七年一至六月

加入獨立工黨的陣營，與POUM民兵駐守亞拉貢前線。

一九三七年三月八日

出版《通往維根碼頭之路》。七月回到瓦靈頓。

一九三七年五月二十日

遭法西斯狙擊手射穿喉嚨，驚險存活下來。

一九三八年三月九日

住進肯特郡普雷斯頓霍爾療養院，接著前往法屬摩洛哥休養。

一九三八年四月二十五日

出版《致敬加泰隆尼亞》。一邊肺部出現結核病而病重。

一九三九年四月
回到瓦靈頓。
一九三九年六月十二日
出版第四本小說《上來透口氣》。
一九四〇年三月十一日
出版《在鯨內和其他散文集》。
一九四〇年五月
搬遷至倫敦攝政公園。加入本土防衛志願軍（國土防衛）。

一九三九年九月一日
第二次世界大戰開始。
一九四〇年五月十日
德國軍隊攻破三個中立國邊境：比利時、荷蘭及盧森堡，並入侵法國。溫斯頓・邱吉爾接任奈維爾・張伯倫成為英國首相。

一九四一年二月十九日

出版《獅子與獨角獸：社會主義與英國精神》。

一九四一年四月

搬遷至倫敦聖約翰伍德。

一九四一年八月

在ＢＢＣ東方服務的印度區擔任談話節目助理，後來成為製作人。

一九四〇年六月十四日

巴黎遭德國軍隊占領。

一九四〇年九月七日

德國納粹空軍開始轟炸倫敦（倫敦大轟炸）。

一九四一年六月二十二日

德國入侵蘇聯。

一九四二年夏

搬遷至倫敦梅達谷（Maida Vale）。

一九四三年十一月

離開ＢＢＣ，成為《論壇報》的文學編輯。因疾病關係離開國土防衛的工作，開始寫作《動物農莊》。

一九四四年二月

完成《動物農莊》。

一九四一年十二月七日

日本攻擊美國在珍珠港的海軍機地，美國參戰。

一九四三年十一月二十八日至十二月一日

德黑蘭會議中，三巨頭（羅斯福、史達林和邱吉爾）決定了戰後世界的布局。

一九四四年夏
首度造訪內赫布里迪群島的朱拉島。
一九四四年六月
他和愛琳領養兒子，取名理查・何瑞修・布萊爾。
一九四四年十月
搬遷至倫敦伊斯林頓的坎能伯里廣場。
一九四五年二至三月
為《觀察家報》及《曼徹斯特晚報》擔任法國及德國的戰時記者。
一九四五年三月二十九日
愛琳・布萊爾過世。

一九四四年六月六日
同盟國軍隊進攻納粹占領的歐洲，由諾曼第海灘登陸。

一九四五年四月十二日

羅斯福逝世，由哈利·杜魯門接任總統。

一九四五年四月三十日

希特勒死亡。

一九四五年五月七日

歐洲戰事結束。

一九四五年七月二十六日

工黨贏得英國大選，由克萊曼·艾德禮接任邱吉爾成為首相。

一九四五年八月六日、九日

首次動用原子彈，轟炸日本廣島與長崎兩座城市。

一九四五年八月十七日

出版第五本小說《動物農莊》。

一九四五年九月
第二次造訪朱拉島。
一九四五年十月
為《論壇報》撰文〈你與原子彈〉，文中首次使用「冷戰」一詞。
一九四六年二月
出版《評論文集》。

一九四五年九月一日
第二次世界大戰結束。在波蘭、羅馬尼亞和保加利亞等國建立了支持蘇聯的衛星政府後，舉行了「自由選舉」。
一九四六年三月五日
邱吉爾在美國密蘇里州富爾頓的威斯敏斯特大學演講時，創造了「鐵幕」一詞來描述西方民主政體與蘇聯主導的東歐政體之間的隔閡。

一九四六年五月十日

居住在朱拉島巴恩希爾。開始寫作《一九八四》。

一九四六年十月中

回到坎能伯里廣場。

一九四七年四月

回到朱拉島。

一九四七年五月

寄給出版商《如此，如此便是歡樂》的一個版本。

一九四六年七月一日

美國開始在馬紹爾群島的比基尼環礁基地進行核武測試計畫。

一九四六年十二月十九日

第一次法越戰爭開始。

一九四七年八月

出版《英國人民》，收錄在《圖像中的英國》系列中。

一九四七年十一月

完成《一九八四》初稿。

一九四七年十二月

因為左肺結核病，進入蘇格蘭東基爾布萊德的黑爾麥爾醫院。

一九四八年一至七月

仍待在黑爾麥爾醫院。

一九四七年六月五日

美國國務卿喬治・馬歇爾（George Marshall）提出計畫重建西歐。

一九四八年十一月初

完成《一九八四》，一個月後將最後版本寄給經紀人及出版商，此時已經病入膏肓。

一九四九年一月

最後一次離開朱拉島，前往格羅斯特郡克蘭漢的寇斯沃德療養院。

一九四八年四月三日

杜魯門總統簽署經濟復甦法案，意圖重建戰後歐洲的基礎建設。

一九四八年六月二十四日

史達林下令進行柏林封鎖。

一九四八年十一月二日

杜魯門在美國總統大選中打敗共和黨參選人湯瑪斯・杜威（Thomas Dewey）

一九四九年六月八日
英國出版他的最後一本小說《一九八四》。
一九四九年九月初
轉院至倫敦的大學學院醫院。

一九四九年十月十三日
與索妮雅·布朗威爾結婚。
一九五〇年一月二十一日
死於肺結核，享年四十六歲。
一九五〇年一月二十六日
下葬於柏克郡薩頓考特尼的諸聖教堂公墓。

一九四九年十月一日
毛澤東宣布成立中華人民共和國。

知識叢書 1099

特搜歐威爾《一九八四》：經典文學不朽之路

On Nineteen Eighty-Four: A Biography

作　者—D．J．泰勒（D. J. Taylor）
譯　者—徐立妍
主　編—羅珊珊
責任編輯—蔡佩錦
校　對—蔡榮吉、蔡佩錦
內頁排版—新鑫電腦排版工作室
封面設計—許紘維
行銷企劃—吳儒芳

總 編 輯—胡金倫
董 事 長—趙政岷
出 版 者—時報文化出版企業股份有限公司
108019台北市萬華區和平西路三段二四〇號四樓
發行專線—（〇二）二三〇六—六八四二
讀者服務專線—〇八〇〇—二三一—七〇五
（〇二）二三〇四—七一〇三
讀者服務傳真—（〇二）二三〇四—六八五八
郵撥—一九三四四七二四時報文化出版公司
信箱—10899臺北華江橋郵局第九九信箱

時報悅讀網—http://www.readingtimes.com.tw
思潮線臉書—https://www.facebook.com/trendage
法律顧問—理律法律事務所　陳長文律師、李念祖律師
印　刷—紘億印刷有限公司
初版一刷—二〇二一年六月十八日
定　價—新臺幣四二〇元
（缺頁或破損的書，請寄回更換）

時報文化出版公司成立於一九七五年，
並於一九九九年股票上櫃公開發行，於二〇〇八年脫離中時集團非屬旺中，
以「尊重智慧與創意的文化事業」為信念。

特搜歐威爾《一九八四》：經典文學不朽之路 / D・J・泰勒（D. J. Taylor）著；徐立妍 譯. -- 初版. -- 臺北市：時報文化出版企業股份有限公司, 2021.06
288 面；14.8x21 公分. --（知識叢書；1099）
譯自：On Nineteen Eighty-Four: A Biography
ISBN 978-957-13-8913-4（平裝）
1.歐威爾 (Orwell, George, 1903-1950)　2.作家　3.傳記　4.英國
784.18　　110006044

ISBN 978-957-13-8913-4
Printed in Taiwan